Responsabilidade Humanística:

uma proposta para a agenda ESG

Dados Internacionais de Catalogação na Publicação (CIP)
(Câmara Brasileira do Livro, SP, Brasil)

Gallian, Dante

    Responsabilidade Humanística : uma proposta para a agenda ESG / Dante Gallian, Alexandre Seraphim. -- Cotia, SP : Poligrafia Editora, 2022.

ISBN 978-85-67962-19-1

    1. Administração de empresas - Aspectos ambientais 2. Agendas 3. Ciência e tecnologia 4. Desenvolvimento sustentável 5. Humanização 6. Responsabilidade social da empresa I. Seraphim, Alexandre. II. Título.

22-116663   CDD-658.408

Índices para catálogo sistemático:

1. Responsabilidade humanística : Empresas : Administração 658.408

Eliete Marques da Silva - Bibliotecária - CRB-8/9380

Tags: ESG; Responsabilidade Corporativa; Humanização; Humanidades; Laboratório de Leitura; Literatura clássica.

© Gallian e Seraphim — São Paulo — SP
Nenhuma parte desta publicação poderá ser reproduzida, guardada pelo sistema "retrieval" ou transmitida de qualquer modo ou por qualquer outro meio, seja este eletrônico, mecânico, de fotocópia, de gravação, ou outros, sem prévia autorização escrita dos autores.

Dante Gallian
Alexandre Seraphim

Responsabilidade humanística:

uma proposta para a agenda ESG

São Paulo
2022

CLIO

Musa da História

"Ao meu pai e à minha mãe, que, pelo exemplo e pela educação, me ensinaram que devemos buscar sempre fazer o bem e que, no legado que deixamos, é que a nossa vida ganha significado."

Alexandre Seraphim

"À minha esposa, companheira, sócia e interlocutora de todas as horas, Beatriz, por ter sido a primeira a acreditar na ideia da Responsabilidade Humanística e a incentivar a redação deste livro.

Ao meu amigo, aluno, orientando, parceiro e coautor, Alexandre Seraphim, sem o qual essa ideia não teria saído do mundo dos sonhos".

Dante Gallian

Sumário

Prefácio : Responsabilidade Humanística 9
Apresentação 12
Introdução 15

Capítulo I
Temos um problema... 19
    A nave Modernidade 19
    A desumanização 23
    Empresas conscientes e responsáveis 25
    É bom fazer o bem. Fazer o bem é bom. 29
    Tempos modernos 31

Capítulo II
Os caminhos da Humanização 35
    Razão e sensibilidade 35
    ESG + Humanização 36
    Responsabilidade Humanística 39

Capítulo III
Da abordagem "estrábica" à humanística: descobrindo o poder humanizador da arte 43
    A Humanização que causa estrabismo 43
    Um Laboratório de Humanidades 46
    Do Laboratório de Humanidades (LabHum) para o Projeto da Responsabilidade Humanística, passando pelo Laboratório de Leitura (LabLei) 49

Capítulo IV
Uma perspectiva humanística da Humanização e da
transformação das pessoas 55
O conceito de Humanização: uma história 55
O que entendemos por Humanização? 57
O Laboratório de Leitura: uma experiência estético-reflexiva
que humaniza 66

Capítulo V
Humanização na prática: a aplicação do LabLei nas empresas
e seus efeitos 73
Primeiro efeito: o impacto disruptivo do inusitado 75
Segundo efeito: ampliação de repertório e seus impactos... 80
Terceiro efeito: autoconhecimento e transformação pessoal 84
Quarto efeito: conhecimento do outro, desenvolvimento da
empatia e fortalecimento de vínculos 89
Quinto efeito: a promoção da saúde e a dimensão
terapêutica 93

Capítulo VI
Conclusão: Responsabilidade Humanística e cultura
organizacional 99
Referências 101
Créditos 105

EUTERPE

Musa da Música

Prefácio
Responsabilidade Humanística

Conheci o Alex Seraphim como CEO de uma empresa farmacêutica quando ele se aproximou do Instituto Capitalismo Consciente Brasil, associou sua empresa ao Instituto e me convidou para fazer uma apresentação para seus principais executivos sobre o que seria o Capitalismo Consciente – que tem como propósito transformar o jeito de se fazer investimentos e negócios no Brasil, multiplicando os pilares que elevam a uma gestão mais humana, mais ética e mais sustentável, para diminuir as desigualdades.

Mas para que precisamos de um Capitalismo Consciente? Quando fundamos o movimento no Brasil em 2013, era quase uma incongruência falar de capitalismo e consciência em uma mesma frase. Mas, depois de oito anos, essas palavras parecem ter nascido uma para outra. Então pergunto novamente: precisamos dessa definição? A resposta é sim.

O capitalismo pode ser visto como uma das maiores invenções da humanidade e enorme fonte de prosperidade? Sim. Mas também pode ser visto como uma ameaça prestes a destruir o planeta e desestabilizar a sociedade? A resposta, infelizmente, também é sim.

Mas como podemos fazer diferente e entender o que nos trouxe a essa dicotomia do capitalismo? Para isso, Responsabilidade Humanística – uma proposta para a agenda ESG traz uma enorme contribuição muito bem pesquisada e escrita por Dante Gallian e Alexandre Seraphim. Em vários momentos o livro aborda essa questão, a começar por uma chacoalhada no primeiro capítulo – "Temos um problema" (quem não se lembra da Apolo XI) –, passando pelos caminhos da Humanização, desmistificando o esforço de "humanizar" as relações corporativas, por exemplo, ao questionar por que escondemos o "amar e cuidar" nessas relações? Mas os negócios dos negócios não são as pessoas? Claro que sim, pois, não importa o que sua empresa faça, produza, venda ou sirva, o trabalho sempre será executado por pessoas e para pessoas. A Humanização nas empresas, portanto, deve ser percebida na prática, e não apenas na retórica. Afinal, se palavras movem, os exemplos arrastam.

Muito se fala hoje em dia dos pilares do ESG – Ecoambiental, Social e Governança, mas como adotá-los verdadeiramente, em um dos países mais desiguais do mundo como o Brasil, se não começarmos por uma Governança com foco no Social e juntos cuidarmos do Ecoambiental? Aí entra um fator fundamental, pois as empresas que ainda acreditam que sua única responsabilidade social é maximizar o lucro e o retorno ao acionista, muitas vezes às custas da miséria e tristeza dos demais stakeholders, não podem sequer falar em ESG, pois não têm "amor" por ninguém, apenas pelo seu ganho financeiro.

Nesse quesito, a Governança é a chave da mudança. Quem das novas gerações vai querer trabalhar em uma empresa sem propósito? Qual será a motivação delas? Apenas financeira, mas levando a um brutal estresse emocional e gerando tristezas, frustrações, baixo engajamento e entregas miseráveis? Acreditamos que isso não é sustentável.

A desumanização é percebida em vários negócios pelo mundo. No Brasil, não notamos que mais de 900 mil pessoas no mundo comentem suicídio por serem profundamente infelizes com seu trabalho. Mais de 600 mil chineses morrem por ano de trabalho excessivo em condições degradantes. No Brasil, temos várias denúncias de trabalho análogo à escravidão, seja de brasileiros ou estrangeiros. Será que as empresas foram criadas para isso? Para apenas maximizar o lucro e a riqueza dos seus sócios em detrimentos dos demais stakeholders? Obviamente não. Todas as empresas brasileiras redigem um "contrato social" ao iniciar suas atividades e gerenciam seu negócio sob uma "razão social", mas a que se refere esse "social"? Não apenas aos sócios, mas a toda a sociedade. E é preciso pedir licença a essa mesma sociedade para operar e gerar sua riqueza.

Os autores trazem uma visão muito interessante sobre o que é Responsabilidade Humanística, como "a responsabilidade incorporada como um atributo das empresas, associado aos compromissos sociais e ambientais, sendo o resultado de um gradual processo evolutivo da tomada de Consciência, que hoje está refletida no praticar efetivamente os pilares do ESG".

Leitura fácil e educadora, que permitirá a você entrar nesse universo da transformação necessária das empresas que geravam apenas resultados para seus acionistas em empresas com Responsabilidade Humanística, que geram valor para todos os seus stakeholders. Boa leitura!

Hugo Bethlem
Cofundador e Presidente do Instituto Capitalismo Consciente Brasil e
Chief Purpose Officer da Bravo GRC

Apresentação

Neste início do século XXI, experimentamos uma incrível aceleração do desenvolvimento da ciência e tecnologia, estamos indo mais longe na conquista do espaço e confiamos que estamos cada vez mais próximos de atingir antigos ideais de aperfeiçoamento da Humanidade. Todavia, nesse cenário de progresso ilimitado que fomenta o desenvolvimento econômico e o crescimento exponencial das empresas, encontramos sérios problemas que ainda não foram resolvidos – ou que se agravam. O Impacto Socioambiental é um deles e coloca em questão a Sustentabilidade desse modelo de desenvolvimento baseado no pensamento filosófico da Modernidade. As empresas têm se posicionado nessa discussão, assumindo responsabilidades que vão além do lucro e que se traduzem atualmente em compromissos com a agenda ambiental, social e de governança representados pela sigla ESG (environment, social and governance). Esse avanço que está em curso no campo Socioambiental é promissor, porém ainda há uma questão fundamental que não foi completamente solucionada e se acirra: a desumanização. Acreditamos que as empresas podem trazer uma inestimável contribuição também nesse campo e apresentaremos uma proposta de como fazer isso.[1]

---

1. As palavras Consciência, Humanidade, Humanização, Modernidade, Perfectibilidade, Responsabilidade Corporativa, Ser Humano, Socioambiental e Sustentabilidade serão utilizadas com inicial maiúscula por serem os temas centrais da nossa tese e estarem correlacionadas.

Na primeira parte deste livro, contaremos com a ajuda da história, filosofia e das artes para levantar essas questões, problematizar a desumanização e explorar as suas origens na Modernidade. Discorreremos também sobre a evolução do engajamento das empresas no ESG e como essa agenda pode ser fortalecida por uma compreensão mais profunda da questão da Humanização.

Na segunda parte, discutiremos como a proposta de Responsabilidade Humanística pode abrir esse caminho, construindo uma base sólida para a sustentação dos pilares do ESG.

A partir da parte III, traduziremos conceito em prática e nos concentraremos na apresentação do Laboratório de Leitura (LabLei) como um instrumento dessa proposta. Para isso, começaremos contando a história de como se desenvolveu essa metodologia de Humanização, primeiramente no meio acadêmico e no campo da saúde e depois em diversos segmentos do ambiente corporativo: cosméticos, financeiro, farmacêutico e industrial.

Na parte IV, exporemos o nosso entendimento do que é Humanização a partir de uma perspectiva antropológica, fenomenológica e hermenêutica e descreveremos em mais detalhes o método do LabLei.

Em seguida, na parte V, nos concentraremos na experiência da implementação dessa metodologia nas empresas, compartilhando os principais insights que emergiram da interpretação das narrativas dos colaboradores.

Finalmente, inspirados pela literatura, concluiremos a nossa proposta com um call to action direcionado aos líderes de empresas e conselheiros, como uma oportunidade de ampliação da contribuição das empresas para a sociedade e, ao mesmo tempo, de desenvolvimento das suas organizações.

Convidamos você leitor a se aventurar por essa abordagem não convencional, provocativa e propositiva.

Esperamos que apreciem!

POLÍMNIA

Musa da Poesia Sagrada

Introdução

Zeus, o deus dos deuses do Olimpo, teve nove filhas com a deusa Mnemosine que ficaram conhecidas como musas. A mãe personificava a memória, e as filhas promoviam no Homem a faculdade de sentir e compreender a vida através das artes, filosofia e ciência, tornando-se assim a fonte de inspiração da Humanidade. O significado da palavra "estética" deriva desse mito e carrega em seu sentido a capacidade de despertar e recordar o Homem. A mitologia grega toca na essência das grandes questões humanas com suas histórias e nos alerta de que o Homem é um esquecedor e precisa de inspiração para despertar e recordar. Todavia, em pleno século XXI, de qual esquecimento deveríamos nos precaver? O que as empresas e o ESG têm a ver com isso? Afinal, ainda precisaríamos recorrer às musas para nos ajudar?

Para responder a essas perguntas, percorreremos a trajetória da Modernidade, embarcando nos trens a vapor da Revolução Industrial e depois partindo a bordo de potentes foguetes rumo ao espaço sideral e ao infinito. Nessa trajetória muito se ganhou, mas muito se perdeu. Muito se aprendeu, mas muito se esqueceu. O progresso científico e tecnológico, que se desenvolveu nos últimos séculos baseado no racionalismo do pensamento filosófico da Modernidade, inaugurou um período de enorme prosperidade material, mas que veio também acompanhado de sérios impactos sociais, ambientais e, acima de tudo, humanos. Neste século, quanto mais nos aproximamos de Marte, anestesiados pela sedução da ciência e tecnologia, mais nos afastamos e mergulhamos no esquecimento do sentido e da compreensão da vida a partir da nossa própria essência, e assim nos desumanizamos. Percebemos e sentimos os sinais da desumanização no comportamento cada vez mais individualista e materialista da sociedade, no aumento expressivo das psicopatologias, como resultado da excessiva racionalização e cientifização da vida.

As empresas estão no centro dessa discussão, não só porque contribuem para esse quadro, mas também porque experimentam seus efeitos em suas próprias organizações. O engajamento na agenda ESG é parte da resposta a essa situação, porém precisa ser feito no campo da Humanização. Com a experiência na implementação da metodologia do Laboratório de Leitura (LabLei), [2] aprendemos que uma verdadeira Humanização só pode ser alcançada com uma profunda experiência estético-reflexiva mediada pelas Humanidades, e essa é a parte que falta. As empresas podem ser grandes aliadas nessa tarefa, beneficiando a sociedade e a si mesmas.

Essa é a história da Humanização nas empresas pelo caminho da Responsabilidade Humanística, que, com a ajuda das musas, contaremos a partir de agora.

---

2. Metodologia de Humanização instrumentalizada pela literatura clássica. Será descrita em detalhes nos Capítulos III e IV.

MELPOMENE

Musa da Tragédia

Capítulo I

Temos um problema...

A nave Modernidade

Feche os olhos e imagine uma nave espacial cruzando velozmente os céus rumo a um progresso infinito com toda a Humanidade a bordo. Esse poderia ser o sonho da Perfectibilidade do Homem, e essa nave poderia se chamar Modernidade. O progresso conquistado desde a invenção da máquina a vapor alimentou a crença de que esse sonho seria materializado por meio do desenvolvimento científico e tecnológico constante e ilimitado, que agora é maximizado pela tecnologia digital. Como orgulhosos astronautas, a Humanidade segue confiante nessa missão, mas sinais de que algo não vai bem reverberam cada vez mais insistentemente e preocupam. À semelhança do que aconteceu na missão espacial de uma outra história,[3] precisamos reconhecer que temos problemas.

Para entender esse quadro, vamos recorrer à história da construção da Modernidade. Foi a partir de uma antiga ideia grega sobre a Perfectibilidade do Homem (PASSMORE, 2004), que considerava a possibilidade de a Humanidade se aperfeiçoar indefinidamente pelo progresso moral, social, científico e tecnológico, que surgiram os primeiros esboços da Modernidade no Humanismo renascentista

---

3. Alusão à história da Apollo 13. Em abril de 1970, a caminho da Lua, um dos tanques de oxigênio explodiu e a missão foi abortada. A frase do então comandante Jim Lovell "*Houston, we've had a problem here*" foi imortalizada.

do século XV. Pico Della Mirandola foi um expoente dessa época, e na sua obra *Discurso sobre a dignidade do homem* capturou a essência dessa visão de mundo que coloca o Homem no centro do universo como a criatura mais digna da Criação, com o poder de se autodeterminar e "soberano artífice de si mesmo". Esse pensamento confere ao Homem a liberdade de utilizar a natureza para os seus fins sem limites. A partir dessa crença, a Modernidade foi sendo construída, e foi por ocasião da Revolução Industrial, no fim do século XVIII, que ela teve um dos seus momentos mais decisivos com René Descartes, um dos seus mais proeminentes "engenheiros". A Modernidade ganhou velocidade impulsionada por dois poderosos propulsores: a invenção de novas máquinas que permitiram a produção em larga escala e o desenvolvimento dos métodos científicos de racionalização do trabalho, que moldaram o trabalho humano de acordo com os requisitos da produção em larga escala. Os "Princípios da Administração Científica" postulados por Frederick Taylor em 1911, baseados na divisão, simplificação, padronização e especialização das tarefas, foram um marco. O treinamento de novos funcionários foi acelerado, as tarefas passaram a ser mais eficientemente medidas e controladas, e os ganhos de eficiência proporcionaram o aumento contínuo da produtividade. O resultado de todo esse desenvolvimento foi uma enorme prosperidade material em curto espaço de tempo. Ela serviu de combustível para que a Modernidade mantivesse seu curso rumo a um progresso sem limites. É nesse contexto que as grandes empresas surgiram, cresceram e se expandiram para além das suas fronteiras nacionais. Os princípios de Taylor foram sendo aprimorados, passando pelo Fordismo e chegando até as corporações globalizadas dos dias de hoje, que aplicam esses conceitos nas organizações matriciais com suas estruturas verticalizadas, maximizando a produtividade uito além da linha de produção. Contudo, todo esse progresso teve um custo, e foi alto.

O relato que Tocqueville[4] fez sobre Manchester em 1835 é bastante ilustrativo. A riqueza, impulsionada pela indústria do algodão e, em seguida, pela construção das ferrovias, caminhava lado a lado com a exploração dos trabalhadores:

> Desta vala imunda a maior corrente da indústria humana flui para fertilizar o mundo todo. Deste esgoto imundo jorra ouro puro. Aqui a Humanidade atinge o seu mais completo desenvolvimento e sua maior brutalidade, aqui a civilização faz milagres e o homem civilizado torna-se quase um selvagem. (HOBSBAWN, 2010, p. 26).

Mulheres e menores de idade trabalhando em condições sub-humanas, em uma relação muito próxima de "senhor e escravo", caracterizaram esse período. A bordo da Modernidade, os astronautas tiveram um choque logo no começo da viagem, ao observar o mundo pelas escotilhas e ver que o cenário desolador de Manchester se replicava por todas as partes como consequência da industrialização. Felizmente, à medida que a nave ganhava altura, os astronautas observaram também que esse cenário foi se transformando. Os trabalhadores se organizaram, a legislação trabalhista evoluiu, as empresas aprenderam que melhores condições de trabalho também traziam vantagens para elas, e a pobreza diminuiu. Na virada para o século XX, as luzes ainda predominavam na paisagem vista pelas escotilhas da Modernidade, e parecia que o sonho da Perfectibilidade e de um futuro melhor se concretizaria em breve. Mas, não foi o que aconteceu.

A tragédia das grandes guerras da primeira metade do século passado foi promovida pelas civilizações consideradas mais adiantadas pela perspectiva da Modernidade. Ela foi seguida por outra tragédia na recuperação econômica do pós-guerra: a rápida escalada na exploração dos recursos naturais e na degradação ambiental, que atingiu níveis alarmantes e insustentáveis no longo prazo. Os riscos

---

4. Alexis de Tocqueville foi um pensador político, historiador e escritor francês que viveu entre 1805 e 1859.

para o futuro da Humanidade ficaram evidentes e exigiram uma resposta coordenada que delimitasse a ação humana na natureza. Essa resposta veio em 1987, quando a Comissão Mundial sobre Desenvolvimento e Meio Ambiente da ONU publicou o relatório "Nosso Futuro Comum" (*Our Common Future*), mais conhecido como Relatório Brundtland, reconhecendo a questão da finitude dos recursos naturais e a necessidade de se preservar a capacidade de regeneração do meio ambiente. O relatório cunhou o conceito de desenvolvimento sustentável como aquele "que satisfaz as necessidades presentes, sem comprometer a capacidade das gerações futuras de suprir suas próprias necessidades" (ONU, 1987, on-line).

O passo seguinte foi a compreensão de que havia uma interdependência entre a dimensão ambiental e as dimensões econômica e social. Apesar de parecer uma ideia simples, essa evolução levou mais de duzentos anos para acontecer, desde que as primeiras chaminés de Manchester começaram a fumegar. A questão ainda está longe de ser resolvida, mas devemos reconhecer que, mesmo com atraso e tomara que ainda a tempo, a Sustentabilidade entrou definitivamente na agenda da sociedade.

Um passo muito importante nesse caminho foi dado aqui no Brasil na Conferência das Nações Unidas sobre Meio Ambiente e Desenvolvimento, a ECO-92, realizada no Rio de Janeiro. Na ocasião, os líderes globais elaboraram uma carta de intenções com o intuito de promover em escala global um novo padrão de desenvolvimento, conhecido como Agenda 21. Cerca de duas décadas depois, em setembro de 2000, a ONU definiu os oito Objetivos de Desenvolvimento do Milênio (ODM), que passaram a ser o marco da Sustentabilidade. Em setembro de 2015, a ONU revisou e atualizou os ODM e, por meio do documento "Transformando Nosso Mundo: a Agenda 2030 para o Desenvolvimento Sustentável", definiu os 17 Objetivos de Desenvolvimento Sustentável (ODS), que servem de principal referência atualmente para as ações de Sustentabilidade de governos, empresas e da sociedade civil de forma geral. Um deles está diretamente relacionado com o tema da saúde e do bem-estar das pessoas, o mais próximo das questões que discutimos neste livro.

As empresas se engajaram nessa agenda global de desenvolvimento progressivamente e adotaram diversas terminologias para os temas de Sustentabilidade até chegar ao ESG, como veremos mais adiante. Esse ajuste de rota realimentou o otimismo e a crença de que havíamos retomado a direção certa. A agenda de crescimento econômico, inclusão social, diversidade, direitos humanos e preservação do meio ambiente parecia ser suficiente para a correção de rumo, e a Modernidade prosseguiria sua jornada ainda mais veloz, inaugurando uma nova era de desenvolvimento exponencial turbinado pelas novas tecnologias. Todavia, surgiram sinais de alerta para outro grave problema que está causando uma grande devastação, mas de outra natureza.

A desumanização

A desumanização não é um problema novo, mas emerge e se potencializa justamente no momento de maior progresso científico e tecnológico da Humanidade. Os problemas de saúde mental e sofrimento psíquico talvez sejam a face mais visível e preocupante da desumanização, um sinal contundente de que algo vai muito mal e coloca a missão da Modernidade em risco. O crescimento das psicopatologias é um fenômeno global e causa grande preocupação notadamente nos países que alcançaram o maior desenvolvimento ambiental, econômico e social da Europa e da América do Norte (DEJOURS, 2011).

Segundo a Organização Mundial da Saúde (OMS), a depressão será a doença mais comum em 2030, aquela que mais gerará custos econômicos e sociais para os governos devido aos gastos com tratamentos e à perda de produção (BBC NEWS BRASIL, 2009). Muitas empresas já se deram conta desse quadro e abordam a questão em suas próprias organizações. De forma geral, podemos perceber essa situação na nossa vida cotidiana, pois não é raro encontrar ao nosso redor quem ateste já ter experimentado sintomas de exaustão física e emocional, depressão, ansiedade, insônia, entre outras patologias.

Boa parte desse fenômeno está ligada ao trabalho, conforme foi reconhecido recentemente pela OMS e identificado como síndrome de *burnout*. Classificado como doença ocupacional, múltiplos fatores podem ser associados ao *burnout*, como a pressão ilimitada por resultados, desalento, solidão e ausência de propósito. Imersos em uma cultura de produção e consumo, que privilegia o sucesso profissional e a prosperidade material, e fascinados pela tecnologia, nem sempre conseguimos discernir com clareza o alcance e as consequências desse problema. Muitas vezes chegamos a pensar que aplicativos de controle de estresse, pílulas da felicidade e férias em *resorts* podem dar conta do problema. Nessa hora, a arte nas suas diversas formas pode vir em nosso socorro, promovendo a reflexão, despertando as nossas emoções e suscitando novas perspectivas sobre a vida. É o que acontece quando lemos os clássicos da literatura ou vamos ao teatro. Nas artes, vemos refletida a realidade do nosso mundo interior e nos deparamos com a essência da nossa Humanidade. Esse fenômeno acontece não só no plano individual, mas também no coletivo.

O depoimento do dramaturgo francês Jean-Paul Alègre é bastante ilustrativo nesse sentido, ao retratar o teatro como um observatório privilegiado dos fenômenos sociais de uma determinada época: "O teatro é um espelho da nossa sociedade. Um barômetro da democracia e um excelente indicador do estado da nossa sociedade. Se quisermos realmente saber o que ocorreu em uma determinada época, temos de ler as peças de teatro de então" (BRASIL, 2020, on-line). A peça "Contrações", de Mike Bartlett, exibida originalmente na Inglaterra em 2008 e no Brasil desde 2013, é um bom exemplo desse fenômeno. A obra relata a comovente e dramática história de Emma, uma funcionária bem-sucedida e em ascensão de uma grande empresa, mas que paga um preço alto na vida pessoal em prol do sucesso profissional. Ela é pressionada de forma abusiva pela chefe até se esgotar emocionalmente, terminar um relacionamento amoroso com um colega de trabalho devido à política da empresa e realizar um aborto para não prejudicar a carreira. O drama vivido por Emma é muito contemporâneo e próximo. Ele afeta não só as pessoas como também as organizações. Desmotivação, absenteísmo, baixa produtividade, perda de talentos, falta de colaboração e prejuízo da imagem institucional são apenas algumas das consequências que impactam as empresas nas quais essas histórias acontecem e atestam o quanto esse sofrimento é desumano e prejudicial para as próprias organizações.

É nesse contexto que vamos examinar a partir de agora como as empresas aderiram às causas socioambientais e como elas podem contribuir também para o enfrentamento do grave problema da desumanização.

Empresas conscientes e responsáveis

A ideia de que as empresas não são apenas agentes econômicos, mas também agentes sociais e políticos, evoluiu gradativamente em uma trajetória repleta de desafios (CRANE; McWILLIAMS; MATTEN; MOON; STEGEL, 2008). Um dos momentos mais emblemáticos dessa história foi o intenso debate em torno da shareholder value theory (teoria do valor para o acionista) que se deu a partir de um artigo do Prêmio Nobel de Economia Milton Friedman nos anos 1970 (FRIEDMAN, 1970). O autor defende com vigor o argumento de que o único propósito do negócio é gerar lucro, e o compromisso dos executivos deveria ser exclusivamente para com os donos do negócio. Com raízes na filosofia liberal dos séculos XVII e XVIII, essas ideias não dão conta hoje da complexidade dos relacionamentos das empresas com seus diferentes stakeholders, dos riscos a que elas estão expostas e das diferentes influências que exercem e sofrem nessas interações.

A conscientização das empresas sobre suas responsabilidades como parte de um ecossistema mais amplo muitas vezes se manifestou primeiramente por meio de iniciativas individuais de líderes visionários e altruístas, que depois se institucionalizaram. Na época da Revolução Industrial, grandes empresários voluntariamente faziam ações de caridade e contribuições sociais, patrocinando as artes, instituições de educação, hospitais e igrejas. A filantropia floresceu e foi sendo incorporada como prática de muitas empresas, plantando a semente do que viria a se tornar mais tarde a Responsabilidade Socioambiental Corporativa (RSC) e, em seguida, o ESG. Esse processo foi refletido em teorias e conceitos que evoluíram com o tempo, merecendo destaque a teoria das partes interessadas ou do valor para grupos de interesse (stakeholder value theory). Essa teoria é um dos fundamentos da Responsabilidade Socioambiental Corporativa e propõe uma ampliação da relação entre os negócios e a sociedade, postulando que vários grupos de interesse, não só os acionistas, mas também clientes, empregados, fornecedores e comunidades, devem ser considerados na fixação dos objetivos das empresas.

Tal abordagem fomentou a discussão sobre o propósito das empresas e trouxe implicações estratégicas importantes para a forma de pensar como os negócios deveriam ser conduzidos. Essa discussão se desdobrou no desenvolvimento de metodologias de fixação de objetivos e contabilização de resultados relacionados a metas socioambientais (práticas trabalhistas, impacto nas comunidades, qualidade do ar e da água, consumo de energia, produção de resíduos etc. Assim, o Triple Bottom Line (SAVITZ, 2006) se tornou uma das propostas mais influentes na virada do século. As empresas incorporaram gradativamente esses conceitos nos seus códigos de valores, em suas declarações de Visão e Missão e na estratégia de negócio. Com o tempo, os indicadores de performance socioambientais ganharam importância, e iniciativas como o GRI (Global Reporting Initiative) e o SASB (Sustainability Accounting Standards Board), os tornaram mais precisos e sofisticados, abrindo caminho para as auditorias profissionais e o surgimento de instituições certificadoras, como o Sistema B. Nesse processo evolutivo, naturalmente novas terminologias foram sendo criadas para expressar o foco das empresas nos diversos temas relacionados à Sustentabilidade, ética e cidadania. Assim, surgiram denominações como empresas verdes, cidadãs, sustentáveis, conscientes e responsáveis.

O Brasil tem excelentes exemplos de engajamento de empresas com a pauta ESG, notadamente a Natura, que adotou esses conceitos desde os seus primórdios. Não por acaso, foi lá também que a metodologia do LabLei foi testada pela primeira vez no ambiente corporativo. Muitas outras empresas também se tornaram fonte de inspiração, e justamente no ramo varejista, que é um dos segmentos mais agressivos na relação das empresas com seus colaboradores, fornecedores e clientes, sobressaem outros dois bons exemplos: Reserva e Magazine Luiza. Uma das iniciativas da Reserva que ganharam visibilidade é a 1P5P (para cada peça de roupa vendida, cinco pratos de comida são doados). No caso do Magazine Luiza, foi o programa de *trainees* para negros que teve grande repercussão. Ambas as empresas têm uma robusta agenda ESG e podem ser consideradas referências do capitalismo de *stakeholders*.[5]

O Brasil também conta com uma das filiais mais ativas do movimento Capitalismo Consciente. Essa ONG originada nos Estados Unidos e presente em diversos países nasceu inspirada por um estudo acadêmico que resultou na publicação do emblemático livro Empresas humanizadas (2007)[6] e na tese de que as empresas devem ter um senso de propósito além do lucro e levar em consideração todas as partes interessadas no negócio. Em uma recente pesquisa intitulada Panorama ESG, realizada com os associados do Instituto

---

5. Capitalismo de stakeholders, ou capitalismo de partes interessadas, é um termo cada vez mais empregado e está associado à stakeholder theory. Para saber mais sobre o tema e os bons exemplos ESG do mundo do varejo, recomendamos Bethlem (2021). Outra referência relevante é Meisler e Pugliese (2017).
6. Título original: Firms of Endearment. Contou também com a contribuição de John Mackey, CEO da Whole Foods.

Capitalismo Consciente do Brasil, 94 % dos respondentes afirmaram que a Humanização é um tema ESG.[7]

Na mesma linha, o Business Roundtable é outro exemplo de associação corporativa que compartilha desse ideal. Composto por um influente grupo de grandes empresas norte-americanas, a entidade recentemente declarou publicamente seu compromisso com clientes, funcionários, fornecedores e comunidades, além dos acionistas (BUSINESS ROUNDTABLE, 2019).

O mercado financeiro não poderia ficar de fora dessa tendência e está adaptando as suas estratégias para corresponder ao crescente interesse dos investidores por empresas responsáveis. Com isso, a implementação de uma sólida Governança Socioambiental passou a ser um requisito fundamental na captação de investimentos, principalmente para as empresas de capital aberto. E foi como parte desse processo, que o termo ESG foi cunhado em um documento elaborado em 2004 por um grupo de importantes instituições financeiras em parceria com a secretaria-geral da Organização das Nações Unidas e o Pacto Global,[8] tornando-se a terminologia predominante atualmente. O Black Rock é um dos maiores fundos globais de investimento, e se destaca como apoiador dessa tendência. A carta aos CEOs (Blackrock, 2022), que o seu presidente Larry Fink publica anualmente, reforça os princípios ESG.

Mas por que mesmo as empresas estão fazendo isso?

---

7. Pesquisa realizada em outubro/novembro de 2021 com 128 participantes e desenvolvida pelo grupo de trabalho ESG com a colaboração da Shopper Experience. Responsáveis: Alexandre Seraphim, Valeria Rodrigues, Gustavo Assis, Edison Fernandes, Ana Vaz Felipe e Tiago Fantini. Disponível em: https://ccbrasil.cc/esg/panorama esg/.
8. O documento se intitula Who Cares Wins e foi elaborado pelo International Finance Corporation (IFC – World Bank Group) com a colaboração da ONU e o suporte do governo da Suíça. Itália, Luxemburgo, Holanda e Noruega também apoiaram a iniciativa.

É bom fazer o bem. Fazer o bem é bom.

Um dos motivos pelos quais as empresas adotam uma conduta responsável é de natureza moral. Elas o fazem pela simples razão de ser o certo a ser feito. Em outras palavras, "fazer o bem" para os funcionários, a sociedade e o planeta passa a integrar a cultura e o propósito das empresas, como um valor. Esse é geralmente o caso das empresas que, na vanguarda, abraçaram as causas socioambientais. Podemos identificá-las nas origens da filantropia e da RSC. Com seu bom exemplo, elas mobilizaram a sociedade, incentivaram a mudança de hábito dos seus consumidores e clientes, transformaram a relação com os seus colaboradores, influenciaram legisladores e desenvolveram seus parceiros e fornecedores.

Outro motivo pelo qual as empresas aderem à pauta ESG é de natureza estratégica. Como discutimos, as empresas pioneiras motivadas por uma conduta moral fizeram "girar a roda" da Sustentabilidade, que ganhou movimento próprio, gerando uma mudança de valores na sociedade como um todo e uma nova dinâmica de mercado. Muitas empresas constataram que aderir a esse movimento confere prestígio institucional, fortalece a marca, incrementa a motivação dos colaboradores, facilita a atração e retenção de talentos, além de proporcionar, em muitos casos, redução de custos. Essas empresas concluíram que fazer o bem também é bom para o negócio. Se abordarmos essa questão pela perspectiva de que a principal tarefa de uma empresa é gerar valor para o cliente, a estratégia de adesão à pauta ESG também faz todo o sentido. A tendência de valorização da Responsabilidade Socioambiental pela sociedade é cada vez mais forte. Portanto, a ampliação da proposta de valor de produtos e serviços que incorporem os conceitos ESG é, sem dúvida, fonte de diferencial competitivo. Ou seja, fazer o bem também é bom para o negócio.

Por um motivo ou por outro, a boa notícia é que diversos estudos e pesquisas comprovam a correlação positiva entre ESG e performance financeira.⁹ A Black Rock, líder global de gerenciamento e consultoria de investimentos e risco, é uma das instituições que corroboram essa tese. Ela avalia que fatores ambientais, sociais e de governança podem ser associados ao potencial de crescimento de uma empresa no longo prazo e, por isso, tem incrementado na sua carteira de investimentos, a participação de empresas que aderem os princípios ESG. Outras grandes instituições financeiras estão também se alinhando com essa concepção, o que leva muitas empresas de capital aberto a assumir compromissos ESG como estratégia de captação de investimento no mercado de capitais.

Além disso, as instituições financeiras começam a desenvolver linhas de financiamento com juros mais baixos para empresas responsáveis. Portanto, a ideia de que existe um conflito entre o sucesso do negócio no longo prazo e a Responsabilidade Socioambiental está se transformando em um falso dilema. Cremos que, em um tempo não muito distante, a agenda ESG estará incorporada indissociavelmente no modelo de negócio das empresas seja para fazer o bem, por ser bom para o negócio ou de forma compulsória. Ampliando e retroalimentando o processo, as grandes empresas começam a aumentar as exigências sobre sua cadeia de fornecedores e parceiros para fazer frente a essa demanda. Da mesma forma, os governos formulam diretrizes para licitações públicas que privilegiam contratos com empresas comprometidas com os princípios ESG.¹⁰

Contudo, ainda há uma questão mal resolvida. Apesar de tantos avanços, corremos o risco de um preocupante retrocesso humanístico,

---

9. A pesquisa "Empresas Humanizadas 2019" indica que empresas com "níveis mais elevados de maturidade de gestão" tem ROE (return on equity = retorno sobre investimento) 2,2 vezes maior no médio e longo prazo. Outros indicadores da pesquisa relacionados a colaboradores, clientes e consumidores também apresentam resultados melhores. A Humanizadas é uma empresa de pesquisa e consultoria com origem em um grupo de estudos da USP e que tem parceria com o Instituto Capitalismo Consciente do Brasil.
10. A Nova Lei de Licitações (Lei 14.133/2021), de 1º de abril de 2021, é um exemplo dessa tendência.

Frame do filme "*Tempos modernos*" (*Modern Times*), Charles Chaplin, 1936. Charlie Chaplin Film Corporation.

e mesmo empresas Social e Ambientalmente Responsáveis podem ser profundamente desumanas. Vamos ver como isso acontece.

Tempos modernos

No filme *Tempos modernos*, vemos Carlitos em uma cena clássica do cinema como um operário que brinca com as engrenagens de uma enorme máquina, no limite de ser esmagado por ela. Charles Chaplin genialmente captura de forma muito divertida a triste face desumanizadora da Modernidade na produção em larga escala. A excessiva racionalização do trabalho na execução de tarefas especializadas, padronizadas, repetitivas e desprovidas de sentido, desconsidera a essência fundamental do Homem como um ser inteligente, criativo e sensível, e é desumanizadora. A cientificização e a tecnificação não estão restritas ao ambiente do trabalho. Elas vão muito além e atingem a vida como um todo (GALLIAN; RUIZ; PONDÉ, 2012).

Comprometem as relações humanas, a nossa capacidade de demonstrar empatia e nos emocionarmos, tanto no trabalho quanto fora dele. Essas engrenagens da Modernidade seguem operando intensamente no século XXI, girando no eixo do racionalismo.

Os princípios da racionalização do trabalho são universais e não se restringem à produção fabril e aos operários nos dias de hoje. Potencializados pela globalização e pela tecnologia, eles abrangem todos os setores da atividade humana, de escritórios a hospitais, em todos os níveis das organizações, de funções operacionais a gerenciais. Os fundamentos da Revolução Industrial ainda predominam, agora instrumentalizados pelo taylorismo digital (THE ECONOMIST, 2015).

Com a ajuda da inteligência artificial, novas ferramentas de gestão podem interligar e cruzar dados que geramos com a tecnologia do nosso cotidiano, como e-mails, chats, sistemas de calendário, internet, informações cadastrais, dados de telefonia, reconhecimento facial, localização a partir de celulares e sensores em crachás. Dessa maneira, as atividades podem ser rastreadas, medidas e controladas on-line, e os gestores podem analisar e avaliar continuamente se o perfil comportamental dos seus colaboradores está de acordo com os padrões de produtividade preestabelecidos, como peças de uma linha de produção passando por um sistema de controle de qualidade. O Ser Humano reduzido a um fator de produção que, como tal, deve ser continuamente otimizado fica indefeso diante desse aparato, que o alcança em qualquer lugar e momento. Muitas dessas ferramentas estão sendo desenvolvidas sem a sensibilidade necessária à avaliação do impacto humano que podem causar.[11] Essa lógica não se restringe às atividades rotineiras e repetitivas: ela alcançará em breve também a produção de conhecimento e a tomada de decisões. As experiências e os insights podem ser registrados, codificados e, então, convertidos

---

11. O *people analytics* é uma dessas ferramentas, descrita no artigo "O funcionário rastreado e feliz", publicado na edição de fevereiro de 2019 da *Harvard Business Review Brasil*. Fica a pergunta: como se pode conceber que alguém se sentiria feliz nessa condição?

em algoritmos para serem depois transferidos e reutilizados. Assim estão sendo concebidas as *decision factories* (MARTIN, 2013).

Todo esse progresso moderno com certeza causaria inveja aos supervisores das fábricas da Manchester do século XIX, de quem ainda estamos muito mais próximos do que pensamos. A desumanização observada por Tocqueville, que operava no nível físico das péssimas condições de trabalho, passa a operar em um nível mais sutil e profundo, dificultando a percepção direta de suas consequências. Uma nova versão de *Tempos modernos* adaptada ao século XXI poderia incorporar linhas de produção digitais e esteiras rolantes virtuais em uma *decision factory* onde Carlitos, monitorado e feliz com chips implantados na cabeça, brincaria sorridente com as engrenagens de uma enorme impressora 3-D. Certamente, só a genialidade de Chaplin conferiria algum senso de humor a esse *remake* e salvaria o herói no fim. Porém, isso seria possível na vida real?

TÁLIA

Musa da Comédia e Festividade

Capítulo II

Os caminhos da Humanização

Razão e sensibilidade

O progresso da ciência e da tecnologia não só é inevitável como também desejável para o progresso econômico da sociedade, um dos pilares da Sustentabilidade. Mesmo sendo conscientes das suas Responsabilidades Socioambientais, porém, as empresas não deixam de ser agentes econômicos e devem perseguir os ganhos de produtividade e suas metas de rentabilidade. É uma questão de razão.

Entretanto, como discutimos antes, a razão sozinha não oferece um caminho para todos os problemas. Precisamos equilibrá-la com a sensibilidade, mas enfrentamos um impasse que precisa ser equacionado. A desumanização afeta nossa capacidade de analisar criticamente o entorno, empatizar com o próximo e elaborar soluções originais para novos problemas. Com o pensamento ancorado na matriz filosófica da Modernidade, caímos na armadilha do excessivo racionalismo, que limita nossa criatividade e sensibilidade. Por isso, muitas vezes banalizamos o que é Humanização e promovemos iniciativas superficiais e de curto alcance. É necessário buscar outros caminhos que estejam fora dessa lógica. As empresas estão no centro dessa discussão e devem também se engajar na questão, assumindo novas responsabilidades e explorando novas perspectivas de Humanização. Razão e sensibilidade não são forças antagônicas, mas se completam e se potencializam.

De volta à nossa nave alegórica sobre a Modernidade, os astronautas começam a perceber que a visão da vida cada vez mais intermediada pelos instrumentos e algoritmos é turva e eles não conseguem mais enxergar com nitidez através das escotilhas o imenso universo que existe fora da nave. Quando os astronautas finalmente se desconectam dos computadores e sonham, uma dúvida perturbadora emerge e eles despertam com uma pergunta: qual seria mesmo o propósito dessa viagem?

ESG + Humanização

A Humanização é um tema cada vez mais presente no campo da gestão, sendo debatido frequentemente em livros, artigos, palestras e congressos, em universidades, diversas instituições e empresas.[12] Palavras como compaixão, empatia e humildade entraram de vez para o vocabulário do universo corporativo, assim como os temas relacionados com a pauta social do ESG: inclusão, diversidade, equidade, direitos humanos, comunidade e ética, entre tantos outros. Somam-se também nessa longa e variada lista as iniciativas que visam promover o bem-estar e a qualidade de vida dos colaboradores como parte das muitas boas práticas de gestão de pessoas que já são implementadas há algum tempo nas empresas: ambientes de trabalho mais agradáveis e em alguns casos lúdicos, academias, creches, jornadas flexíveis, *home office*, assistência psicológica etc.

---

12. "Humanize" foi o tema escolhido para a edição de 2019 do Congresso Nacional sobre Gestão de Pessoas (CONARH), que é um dos maiores eventos latino-americanos de recursos humanos e contou com cerca de 30 mil participantes. Gallian e Seraphim apresentaram a palestra "Responsabilidade Humanística: um novo caminho para o futuro". Em 2020, eles apresentaram a palestra "Responsabilidade humanística: uma nova proposta de humanização para o mundo corporativo" nas câmaras de comércio Swisscam (Câmara de Comércio Suíço-Brasileira) e na Swedcham (Câmara Sueca de Comércio no Brasil). Entre 2012 e 2021, a metodologia do LabLei foi implementada em uma dezena de empresas.

Toda essa profusão de iniciativas revela que embora a desumanização ainda não seja totalmente compreendida e explicitada, seus efeitos são sentidos e as organizações estão respondendo em diversas frentes de ação. O "S" do ESG e as boas práticas de gestão contribuem para a Humanização, mas para lidar efetivamente com esse tema teremos que ir mais longe. Humanizar é lidar com emoções, crenças, valores e aspirações, é penetrar no vasto e complexo universo do Ser Humano. Para tanto, é necessário buscar alternativas em territórios que estão fora do campo convencional da gestão e da agenda social e avaliar criticamente o alcance e o propósito das iniciativas que tomamos com essa finalidade.

Por exemplo, quando pensamos em compaixão, empatia e humildade estamos falando em habilidades e competências passíveis de capacitação técnica? Moldar comportamento por meio de treinamento é humanizar? Muitos equívocos bem-intencionados são cometidos e, para ilustrar o que acontece frequentemente no dia a dia, podemos recorrer mais uma vez às artes, mais uma vez ao cinema, tomando emprestada uma cena do filme *Les temps de tènébre*.[13] Essa sátira conta a história de Jean-Marc LeBlanc, um funcionário público que tem a tarefa de acolher e orientar os cidadãos na solução de diversos problemas cotidianos em uma província no Canadá, o que envolve, invariavelmente, grandes dramas pessoais. Ao mesmo tempo, Jean-Marc vive seu próprio drama familiar e profissional. Sabendo que não tem como oferecer alento às pessoas que o procuram, nem a si próprio, ele se desconecta da realidade, buscando refúgio em suas fantasias. No departamento onde ele trabalha, os funcionários são chamados a participar de um treinamento para melhorar a atitude e, para isso, treinam como dar risadas. A superficialidade e a artificialidade da situação geram estranheza em Jean-Marc e seus colegas, criando uma atmosfera caricata e cômica. A história é divertida, mas

---

13. "No tempo das trevas", em tradução livre. Com direção de Denys Arcand, no Brasil o filme foi intitulado *A era da inocência* (2007).

não é tão ficcional quanto parece. Tentativas de uma abordagem técnica de Humanização, baseadas na sistematização e padronização de atitudes e comportamentos, não têm tido bons resultados e podem até agravar o problema.

O Ser Humano intuitivamente percebe quando a ação não é autêntica, o que impõe um desafio para o desenvolvimento de práticas que realmente tenham um efeito transformador. Tomemos um caso não ficcional, como a proposta de desenvolvimento de lideranças humanizadas baseada no conceito da vulnerabilidade. A ideia é que o líder apresente a sua face humana, assumindo que tem fraquezas, expresse seus sentimentos e conte histórias profissionais e pessoais, que demonstram situações nas quais possa ter cometido erros, tomado decisões equivocadas, enfrentado dilemas, frustrações, problemas de saúde, entre outros, e, assim, de alguma forma, revele uma fragilidade que é comum a todos nós.

O objetivo é criar conexão com a equipe, estabelecer confiança e estimular a colaboração, entre outros. Iniciativas como essa podem ajudar, mas devemos admitir que essa forma de agir e se relacionar com o próximo deveria ser natural e espontânea. O simples fato de ser algo que precisa ser lembrado, estimulado e até treinado já dá a medida do problema no qual estamos metidos. Mais importante ainda é que, se essas iniciativas não forem alicerçadas firmemente em uma base afetiva genuína, elas terão alcance limitado e passageiro. No campo do ESG, o termo *greenwashing* é utilizado para identificar distorções entre o discurso e a prática. Sabemos que algumas empresas adotam um discurso alinhado com os princípios da Responsabilidade Socioambiental como estratégia de marketing e relações públicas, sem que estejam realmente comprometidas. Com as lideranças, pode acontecer a mesma coisa, e não passa sem ser notado.

Quando banalizamos a humanização por meio de ações superficiais, propaganda enganosa e narrativas artificialmente elaboradas sem um verdadeiro lastro afetivo, estamos degradando referências essenciais da nossa humanidade. Muitas vezes, essa banalização e as suas consequências são despercebidas pelos seus próprios agentes, justamente por serem eles também vítimas do mesmo processo. Dessa forma, os personagens ficcionais de Jean-Marc e de Emma (da peça "Contrações", já citada) poderiam representar a Humanidade, como os astronautas a bordo da nave espacial da nossa parábola, mas também podemos encontrá-los bem ao nosso lado no mundo real, em organizações bem-sucedidas e responsáveis, e que exibem o selo ESG.

Assim, fica cada vez mais claro que precisamos explorar caminhos que somem aos esforços já em andamento uma nova dimensão fundamental para uma efetiva transformação moral das pessoas e das empresas. A seguir, vamos apresentar uma proposta nessa direção.

Responsabilidade Humanística

Como vimos, a responsabilidade foi incorporada como um atributo das empresas associado aos compromissos sociais e ambientais e é resultado de um gradual processo evolutivo de tomada de Consciência, que se traduz atualmente na agenda ESG. Contudo, fica cada dia mais claro que, mesmo com os avanços alcançados, os três pilares da agenda ESG – ambiental, social e governança – precisam do alicerce sólido da Humanização. Afinal, se por um lado é possível que empresas socioambientalmente responsáveis sejam desumanas, o contrário é bem menos provável.

Possivelmente, se tivéssemos iniciado a "sequência" de letras do "alfabeto" da Responsabilidade pelo H de Humanização, algo como um HESG, poderíamos ter avançado mais na pauta social e evitado muitos dos desastres ambientais que presenciamos nas últimas décadas.[14] Em todo caso, ainda há tempo para corrigir a rota e, quem sabe, adicionar a Humanização em uma agenda ESG+H, desenvolvendo lideranças verdadeiramente mais sensíveis e com mais compreensão do que é ser Humano. Da mesma forma, seria uma boa ideia incluir a

---

14. As tragédias de Mariana e Brumadinho seguem vivas na memória.

Humanização no rol dos objetivos sustentáveis. Seja como for, criando um 18º ODS, somando letras ao ESG ou integrando novos conceitos e práticas no arcabouço do "S", precisaremos incorporar novas abordagens que humanizem a lógica da Modernidade.

A Responsabilidade Humanística é a abordagem que propomos. Ela tem como eixo a valorização do Ser Humano pelo resgate das Humanidades. Aprendemos que, com base na experiência estético-reflexiva provocada pela filosofia, pelas artes e pela literatura, podemos desenvolver a densidade intelectiva, afetiva e volitiva necessária para uma profunda revisão da forma como conduzimos a nossa vida, nos relacionamos com o próximo, lideramos e tomamos decisões nas organizações.

Mostraremos que essa é uma missão possível e, para isso, contaremos a partir de agora uma outra história, uma história real de como podemos transformar essa ideia em ação concreta, fundamentada na experiência de implementação de uma metodologia de Humanização que teve início no meio acadêmico e da saúde e se expandiu para o ambiente corporativo.

ERATO

Musa da Poesia Romântica

Capítulo III

Da abordagem "estrábica" à humanística: descobrindo o poder humanizador da arte

A Humanização que causa estrabismo

Há pouco mais de vinte anos, fui convidado[15] a organizar um Centro de Humanidades no coração de uma Escola de Medicina. Estávamos na virada do século e do milênio e, se a aplicação das novas tecnologias científicas já estava mais do que consolidada como um recurso indiscutível para o progresso da saúde, começava-se, entretanto, a considerar o quão prejudicial essa hegemonia técnico-científica poderia ser para dimensão humana da relação médico-paciente, elemento indispensável para o sucesso terapêutico.

Nesse contexto, refletindo o que já vinha acontecendo em países mais adiantados no tema, iniciou-se o debate sobre a problemática da Desumanização x Humanização da saúde no Brasil. Iniciativas que mais tarde iriam confluir na Política Nacional de Humanização (2003) começavam a ser testadas principalmente em hospitais públicos, impulsionadas por planos governamentais que visavam melhorar indicadores sociais na saúde. Assim, em instituições de ponta, como o Hospital Escola da Universidade Federal de São Paulo (o Hospital São Paulo), projetos de Humanização começaram a ser aplicados, com grandes expectativas e entusiasmo, na medida em que atendiam a demandas não só de usuários do Sistema Único de Saúde (SUS), como também dos próprios colaboradores (médicos, enfermeiros, técnicos etc.).

---

15   Relato do professor Dante Gallian

Qual não foi a surpresa dos gestores, entretanto, ao notarem, após alguns meses de experiência piloto com os programas de Humanização, que o efeito atingido não só ficava muito aquém do esperado como, em muitos casos, havia provocado reações adversas! Notava-se, por exemplo, até certa resistência por parte de alguns colaboradores em participar dos treinamentos e, até mesmo, uma visível indisposição à própria palavra "Humanização". Desconcertados por uma situação absolutamente contraditória e "inexplicável" (afinal a demanda por Humanização havia partido dos pacientes e dos próprios colaboradores da instituição), os gestores recorreram então às instâncias universitárias para compreenderem o fenômeno.

Reconhecido por seu trabalho de pesquisa de cunho qualitativo, principalmente centrado na coleta e análise de narrativas com base na metodologia de História Oral de Vida, o professor Gallian foi convidado a participar desse esforço compreensivo demandado pelo Hospital Universitário. E assim, utilizando abordagens que privilegiavam a vivência dos trabalhadores, acabou por fazer descobertas muito significativas. A mais explícita e reveladora veio de um médico que, em seu depoimento, denunciou que "a humanização causava estrabismo"! Diante da indisfarçável perplexidade do interlocutor, o espirituoso doutor explicou:

> Há pouco mais de dois anos houve uma grande mudança aqui no hospital: a informatização dos protocolos e a aplicação de guidelines eletrônicos para facilitar o procedimento de consulta e, assim, diminuir seu tempo, com correspondente aumento de eficácia no diagnóstico. Assim, entre nós e os pacientes surgiu a tela do computador, que nos indica a próxima pergunta a ser feita e o caminho a ser percorrido na estruturação do histórico clínico do paciente. Alguns meses atrás, entretanto, começamos a receber o treinamento dos programas de humanização, onde se enfatizava a importância não apenas de chamar o paciente pelo nome como também de olhar em seus olhos durante o procedimento clínico.

Dessa forma, obrigados a olhar para a tela do computador e para os olhos do paciente ao mesmo tempo, acabamos por desenvolver um certo tipo de estrabismo.[16]

De forma irônica e divertida, esse trabalhador da saúde forneceu a imagem a partir da qual se elaborou toda a interpretação a respeito do problema da Humanização nas organizações. Ela possibilitou perceber que a ineficácia da abordagem procede de um equívoco antropológico, como já nos referimos antes. Acostumados a identificar na formação profissional um processo de treinamento que visa ao desenvolvimento de competências e habilidades técnicas, os gestores acreditaram que atitudes e comportamentos humanizados poderiam ser incutidos de forma semelhante. Esquecidos de que somos essencialmente diferentes das coisas que criamos, passamos a acreditar que nós funcionamos exatamente como as nossas máquinas, como os nossos computadores, que podem ser programados para processar tarefas específicas. Nesse sentido, não deixa de ser curioso e eloquente o fato de que as propostas de Humanização tenham sido denominadas como "programas"!

Montesquieu (2015) definia a Humanização como um processo de ampliação da esfera da presença do ser; processo que envolve, portanto, todas as dimensões do ser humano, não apenas o âmbito cognitivo ou comportamental. Assim, a Humanização deve ser entendida como resultado de uma experiência que envolve as três dimensões que, segundo Aristóteles, caracterizam o humano: o afeto, a inteligência e a vontade. Humanização tem a ver com o reconhecimento daquilo que é próprio do humano, reconhecimento esse que advém da dimensão do sentimento e que qualifica a razão, mobilizando assim a vontade. Nesse sentido, uma abordagem meramente técnica, cognitiva e comportamental nunca produzirá um efeito genuinamente humanizador – ela pode gerar apenas "estrabismo funcional".

---

16. Entrevista concedida no dia 13 de março de 2000.

Um Laboratório de Humanidades

Não demorou para que essa experiência de assessoria para o Hospital São Paulo, com o objetivo de identificar os motivos da rejeição e dos efeitos adversos dos programas de Humanização, redundasse em um projeto de pesquisa que não apenas apontasse os problemas sobre a abordagem humanizadora, mas também identificasse possíveis soluções e saídas alternativas. Contribui de forma decisiva para esse objetivo uma experiência educacional iniciada concomitantemente ao trabalho para o Centro de Humanidades da Escola de Medicina e que começava a apresentar resultados extremamente alentadores em relação à Humanização.

Essa experiência começou de forma quase espontânea, fruto dos esforços por uma formação mais humanística para os futuros médicos e profissionais da saúde da Escola Paulista de Medicina da Unifesp. Partindo da disciplina eletiva de História da Medicina, o objetivo era despertar a reflexão sobre temas humanos (cuidado, dor, sofrimento etc.) por meio da leitura e discussão de trechos de textos clássicos de médicos e filósofos do passado, como Hipócrates, Galeno, Paracelso, William Harvey, entre outros. Ao término de uma das primeiras versões da disciplina, um pequeno grupo de estudantes procurou o professor Gallian, observando a pertinência e eficácia daquela experiência, já que a formação deles como um todo era muito técnica e "desumanizada". Propuseram então a possibilidade de continuarmos a nos reunir em horário extraclasses para darmos sequência àqueles encontros tão diferenciados e estimulantes. Assim nasceu o Laboratório de Humanidades,[17] o LabHum, como passou a ser carinhosamente apelidado pelos participantes.

---

17. A história completa do Laboratório de Humanidades, que depois se transformou em Laboratório de Leitura, assim como a descrição detalhada de sua metodologia e da sua fundamentação teórica, pode ser encontrada no livro *A Literatura como remédio: os clássicos e a saúde da alma*, de Dante Gallian (2017).

A princípio, esses encontros de sexta-feira na hora do almoço se estruturaram de forma descompromissada e espontânea. Como já não havia a obrigatoriedade disciplinar de se ler e discutir textos de história da medicina, deu-se total liberdade para que os estudantes propusessem o que queriam ler e discutir. Conversava-se sobre pequenos ensaios filosóficos, artigos de jornal etc. Certo dia, entretanto, um aluno do curso biomédico (após alguns poucos meses, o LabHum começou a ser frequentado por alunos e alunas de outros cursos do campus da Unifesp) que, paralelamente à sua formação universitária, frequentava uma escola teatral, propôs que o grupo discutisse uma peça teatral que ele estava estudando para atuar: *Antígona*, de Sófocles; uma tragédia grega do século VI a.C. A proposta foi prontamente aceita por todos.

No primeiro encontro, tivemos uma grande e decisiva surpresa. Perguntada sobre as impressões e opiniões que a leitura tinha suscitado, uma aluna do curso de enfermagem, visivelmente emocionada, declarou: *"Descobri que eu sou Antígona!"* A jovem estudante então explicou que, ao ler a peça, havia se identificado profundamente com a heroína, pois também tinha sido vítima de uma grande injustiça numa situação vivenciada na prática ambulatorial em que, ao tomar a defesa de uma paciente diante de uma atitude desumana do médico responsável, acabou sendo advertida e punida. Como aconteceu na peça com Antígona ao procurar corrigir uma injustiça desumana do tirano da cidade – que proibiu o sepultamento dos corpos dos irmãos da protagonista, acusados de tentativa de sedição e mortos em praça pública –, a aluna também se viu vítima de uma flagrante situação de desumanização causada por um chefe de plantão tirânico que procurou corrigir.

Pela primeira vez, desde que havíamos iniciado aqueles encontros do Laboratório de Humanidades, percebemos como questões humanísticas, de cunho ético, eram trazidas de forma tão contundente, envolvendo não apenas a reflexão, mas também a emoção, o afeto. Continuamos a discutir os temas e questões que a peça provocou no

Moça com livro, sem data. Almeida Júnior (1850-1899).
Óleo sobre tela, 50 cm x 61 cm. Acervo do MASP, Museu de Arte de São
Paulo Assis Chateaubriand, São Paulo, Brasil.

grupo ainda por mais três ou quatro encontros semanais, cuja duração ficou convencionada em, no máximo, 90 minutos desde então. A mobilização e o efeito que aqueles encontros de discussão a partir da leitura de uma peça teatral causavam nos convenceram de que havíamos encontrado um "filão" excepcional em nosso laboratório e que, efetivamente, a arte, de forma mais específica a literatura, apresentava um poder incomparável para despertar afetos e gerar reflexões, determinando transformações claramente humanizadoras. A partir de então, o Laboratório de Humanidades passou a ser uma dinâmica de leitura e discussão de obras literárias, na qual o efeito humanizador derivava de uma experiência estética, amplificada pela reflexão exercitada de forma coletiva nos encontros semanais e destilada na vivência pessoal de cada participante.

Paralelamente ao aperfeiçoamento metodológico da dinâmica, começamos a estruturar um projeto de pesquisa que objetivava investigar a eficácia humanizadora do Laboratório de Humanidades no contexto da saúde. Percebíamos a partir da nossa experiência empírica que o LabHum poderia ser proposto como um caminho alternativo para a Humanização dos profissionais da saúde – uma abordagem mais eficaz e mobilizadora que as então praticadas com resultados limitados ou adversos, como comentamos antes.

O projeto de pesquisa era constituído de duas frentes: uma teórica, que procurava, por meio de um amplo e denso levantamento de obras filosóficas e históricas, compreender o papel humanizador e formativo da arte e da literatura em particular; e outra, empírica, que buscou investigar, com o uso de métodos qualitativos, os efeitos da dinâmica do LabHum em seus participantes, levando em consideração a noção mais ampla de Humanização como experiência de ampliação de visões de mundo e de atitudes.

Do Laboratório de Humanidades (LabHum) para o Projeto da Responsabilidade Humanística, passando pelo Laboratório de Leitura (LabLei)

A instituição do LabHum como objeto de estudo no cenário da formação humanística e da Humanização em saúde determinou a abertura de um novo capítulo em sua história. Com a publicação dos primeiros estudos sobre o fenômeno, o interesse pelo LabHum cresceu não apenas dentro da EPM-Unifesp como também em outras instituições e em outros cenários para além do campo da saúde.

Estudantes de pós-graduação interessados em propor e investigar novas experiências de Humanização começaram a levar o LabHum para fora dos muros da universidade. Assim, ciclos do laboratório começaram a ser oferecidos em hospitais privados e grupos terapêuticos, sempre acompanhados de estudos que procuravam avaliar o seu impacto humanizador.

Duas experiências, entretanto, foram decisivas para que esse experimento humanizador transcendesse o campo acadêmico e da saúde e começasse a se desenvolver no cenário do mundo corporativo.

A primeira experiência se deu graças ao interesse da equipe de Recursos Humanos da empresa de cosméticos Natura, que entendeu as potencialidades da proposta do LabHum e a absorveu em um programa de desenvolvimento de pessoas da empresa.

Dentro do escopo de um grande projeto de formação de seus funcionários, a perspectiva de uma atividade que envolvesse literatura e que visasse à Humanização foi vista com entusiasmo. Dessa forma, entre 2012 e 2013, três ciclos do laboratório foram desenvolvidos com mais de 60 líderes de vários setores da empresa, mostrando que a dinâmica adotada respondia às demandas humanizadoras que emergem não só na área específica da saúde, mas também, cada vez mais, no universo corporativo.

A segunda e decisiva experiência se deu no âmbito de uma escola de negócios, o ISE Business School, associada ao IESE Business School, com sede em Barcelona, Espanha. Realizamos ali, a partir de 2013, alguns ciclos do laboratório de forma experimental com os colaboradores da instituição (professores, coordenadores e pessoal administrativo). Em função do impacto altamente positivo, o trabalho acabou por se tornar permanente e serviu de base para a introdução da dinâmica nos programas oficiais oferecidos pela escola (MBA, PMD, AMP[18]) como uma disciplina eletiva denominada "Ética & Literatura". Pouco tempo depois, a mesma atividade passou a ser oferecida em programas customizados *in company* para outras empresas além da Natura, como Bradesco, Santander, BB Mapfre, Sicredi, Banco do Brasil, Porto Seguro Seguradora, C&A, Capgemini, Jacto, Ferring e Zodiac, além de instituições como CIEE e HCor.

Nesse campo, encontramos estudos como de Póvoa Neto (2021), que investigou a utilização da literatura clássica como propulsora de

---

18. Master Business Administration, Program for Management Development, Advanced Management Program, respectivamente.

experiência reflexiva, e como essa experiência contribui para a formação e transformação no ensino em negócios, e de Rolim (2022), que investigou como a leitura dos clássicos pode positivamente influenciar o nível de julgamento moral na tomada de decisões, sendo um instrumento de capacitação de conduta ética.

Paralelamente a esse desenvolvimento no âmbito corporativo e da educação, o projeto do Laboratório de Humanidades foi ganhando terreno também no universo mais amplo da sociedade. Depois de experiências bem-sucedidas em centros culturais como a Casa do Saber, o laboratório começou a ser aplicado também em grupos domiciliares e clubes.[19]

Nesse contexto de expansão e difusão, foi preciso realizar uma série de adaptações, inclusive em relação à própria nomenclatura do laboratório. Batizado com nomes diferentes, principalmente quando adotado como disciplina em ambientes mais acadêmicos – Laboratório de Humanidades na EPM-Unifesp, Ética & Literatura na ISE Business School – a atividade precisou ter sua denominação padronizada como método. Assim, desde 2013, a metodologia passou a ser chamada de Laboratório de Leitura (LabLei) e é dessa forma que ela é conhecida no contexto da Responsabilidade Humanística e em outros espaços onde a metodologia é aplicada.

Foi a partir dessa profícua experiência de aplicação do Laboratório de Leitura no mundo corporativo, em confluência com os resultados da linha de pesquisa sobre os efeitos humanizadores da metodologia para além do campo estrito da saúde, que emergiu o conceito de Responsabilidade Humanística, exposto nos capítulos anteriores.

De maneira particular, o desenvolvimento do projeto de pesquisa do grupo da Unifesp na Natura nos permitiu refletir mais profundamente sobre a pertinência da Humanização no universo cor-

---

19. Em 2014, foi fundada a Casa Arca: Humanidades, Artes & Ofícios, espaço que acolhe muitos grupos de Laboratório de Leitura, oriundos de demandas sociais ou mesmo corporativas. É na Casa Arca que se realiza também o Curso de Formação de Coordenadores do LabLei.

porativo, que, de uma perspectiva estritamente técnica, funcional e baseada de modo exclusivo na produção e no lucro, foi evoluindo para um modelo mais humanizado, que abrangeu primeiro a dimensão da RSC e mais recentemente o ESG.

Analisando as especificidades históricas desse universo, fomos percebendo o necessário próximo passo que culmina na Responsabilidade Humanística – ou seja, no despertar da Consciência de que o processo de Humanização, que começa no social e abrange o ambiental, só se completa efetivamente quando atinge e envolve cada colaborador da empresa como ser humano individual.

Diante dessa constatação e à luz de toda a nossa experiência empírica e teórica, o conceito de Responsabilidade Humanística emergiu de forma quase natural e necessária, encarnando e sistematizando uma demanda implícita, mas ainda difusa e indeterminada, das empresas e do pensamento empresarial mais arrojado e sensível.

Efetivamente, o conceito de Responsabilidade Humanística parece responder de forma oportuna e eficaz a um anseio intuído e em processo de delineamento no mundo corporativo: a percepção de que o espaço da empresa pode e deve ser, para além de um lugar de produção e lucratividade, um locus de aperfeiçoamento humano, de crescimento, de autoconhecimento, enfim, de Humanização – não apenas no sentido profissional, mas também, e principalmente, existencial. Entretanto, para além do âmbito conceitual, a ideia de Responsabilidade Humanística, graças ao contexto especificamente prático em que brotou, apresentou-se também como um projeto, uma prática a ser implementada. Assim, partindo de uma concepção humanística – e não técnica, cognitiva e comportamental – de Humanização, que, como esclarecemos acima, se fundamenta na experiência estética e reflexiva como meio privilegiado de crescimento humano e transformação, o Projeto da Responsabilidade Humanística propõe a Humanização no universo corporativo por meios efetivamente humanísticos. Nesse contexto, dinâmicas como o Laboratório de Leitura constituem instrumentos altamente eficazes para promover a Humanização que objetiva a Responsabilidade Humanística.

Em um universo marcado por experiências desumanizadoras e patologizadoras, cada vez mais reconhecidas e preocupantes – em que se depara cotidianamente com dificuldades e restrições estruturais do ponto de vista humano e que envolvem problemas de amplo espectro, desde aspectos éticos até o território da criatividade e da inovação – promover a Humanização por meio de abordagens estético-reflexivas como a que propõe o Laboratório de Leitura tem sido uma experiência extremamente transformadora e eficaz, cujos resultados temos podido constatar e avaliar.

Partindo de experiências significativas no âmbito acadêmico e cultural, a aplicação do LabLei no mundo corporativo por meio de projetos de Responsabilidade Humanística tem gerado um material riquíssimo que indica sua pertinência como método promotor da Humanização, com repercussões em várias dimensões da vida empresarial. No Capítulo V, procuraremos demonstrar, com base em narrativas e comentários originados da aplicação de ciclos de LabLei, de que maneira essa experiência impacta a vida das pessoas que dela participam e como repercute no cotidiano da empresa, tornando-a um espaço mais humano e, portanto, saudavelmente produtivo. Antes, porém, no capítulo que se segue, cabe delinear o conceito de Humanização tal como o compreendemos em nossa abordagem, já que hoje ele vem sendo usado de forma cada vez mais ampliada e às vezes indiscriminada no âmbito corporativo.

CALÍOPE

Musa da Eloquência

Capítulo IV

Uma perspectiva humanística da Humanização e da transformação das pessoas

O conceito de Humanização: uma história

É difícil precisar o momento em que a palavra "Humanização" entrou em nosso vocabulário. Tudo indica ser um neologismo, surgido na língua francesa no século XIX e difundido internacionalmente após a Segunda Guerra Mundial, no contexto da revisão da desumanização produzida pelo regime nazista na Alemanha (LANG, 2010).

Em nosso meio, o termo começou a ganhar grande destaque na virada deste século, quando começou a ser amplamente usado no âmbito da saúde (BENEVIDES; PASSOS, 2005).

A grande revolução científica e tecnológica pela qual passou a medicina na segunda metade do século XX trouxe avanços inegáveis no processo diagnóstico-terapêutico e nas abordagens preventivas em saúde, porém, já nas últimas décadas do período, muitos observadores, teóricos e especialistas alertavam para o efeito desumanizador dessa "revolução". Desde então, passou-se a ponderar o quanto as instâncias e os meios científicos e tecnológicos, aliados ao processo de massificação e racionalização de mercado dos cuidados em saúde, foram se interpondo ao vínculo estritamente humano entre médico e paciente que fundamentou a medicina desde suas origens e o enfraquecendo (GALLIAN, 2000).

Diante desse processo gradual de desumanização, urgia-se propor medidas humanizadoras ou re-humanizadoras da medicina.

Nesse contexto, o termo Humanização, a princípio utilizado no terreno analítico-acadêmico, passou a ser adotado nas instâncias administrativas e políticas, associado tanto a iniciativas de gestão pública e privada quanto a projetos que acabaram por redundar em políticas públicas adotadas em todas as esferas governamentais, sendo o melhor exemplo disso a Política Nacional de Humanização (PNH), que vigorou no Brasil entre 2003 e 2016 e que definia diretrizes para a Humanização do serviço e do cuidado em saúde pública (BRASIL, 2013).

Paralelamente e em consonância com o que se procurava implementar em gestão, o tema da Humanização entrou como propósito e meta das propostas educacionais em nível superior, principalmente na área da saúde, em que a formação de um profissional humanizado aparecia como um dos objetivos principais (BRASIL, 2014).

Influenciada e norteada pelas políticas e instituições públicas, assim como sensível às demandas do próprio mercado, a iniciativa privada na área da saúde não demorou para incorporar a Humanização como um valor e passar a considerá-la um objetivo e uma meta na oferta de seus serviços no âmbito clínico. Assim, já na primeira década do nosso século, inúmeras instituições privadas da área da saúde apresentavam importantes projetos e programas de Humanização, voltados para a melhoria tanto do cuidado com o paciente quanto da qualidade de vida dos próprios profissionais colaboradores.

Sendo pensados e geridos cada vez mais como empresas economicamente sustentáveis e lucrativas e, portanto, adotando procedimentos de gestão próprios dos outros setores de produção e prestação de serviços para o mercado, os hospitais e empresas da saúde em geral ajudaram a difundir o conceito de Humanização que, por efeito de retroinfluência, passou a ser adotado como valor e meta nas empresas de maneira geral, para além do campo estrito da saúde. Percebendo que o processo de desumanização do trabalho e da vida não se restringia ao universo dos hospitais, mas que se fazia sentir com seus efeitos nocivos, patologizantes e prejudiciais até na esfera da lucratividade, o mundo corporativo, rapidamente foi se dando conta de que a Humanização se apresenta como uma necessidade urgente.

Assim, de maneira progressiva e marcante, o termo Humanização vai ganhando espaço e força no mundo empresarial, já sendo adotado como valor a ser incorporado e processo a ser desenvolvido na área de gestão de pessoas. Entretanto, não é incomum que a generalização de um termo ou conceito em um determinado meio seja acompanhada de uma tendência à banalização. E aqui, a nosso ver, não se verifica uma exceção à regra. Efetivamente, a utilização quase indiscriminada do termo Humanização no contexto corporativo (como, aliás, em outros) tem se dado sem a devida compreensão do que essa palavra realmente significa.

Noções genéricas, carregadas de bons sentimentos e boas intenções, porém escassas de fundamento epistemológico sólido são as que parecem prevalecer na significância do termo Humanização usado no universo empresarial. Tal perspectiva rarefeita do conceito leva, como já demonstramos antes, a uma abordagem "estrábica" e antropologicamente equivocada. Nesse sentido, antes de apresentarmos e analisarmos os efeitos humanizadores que o Laboratório de Leitura propicia nos espaços corporativos, cabe especificar um pouco mais o que, na perspectiva da Responsabilidade Humanística, entendemos por Humanização.

O que entendemos por Humanização?

No contexto do senso comum, assim como nos significados que se podem encontrar na maioria dos dicionários físicos e on-line da nossa língua, o termo Humanização associa-se normalmente com o "ato ou efeito de tornar-se benévolo, gentil ou mais sociável" (DICIONÁRIO ON-LINE, s. d.). Analisando boa parte das propostas de Humanização oferecidas não apenas no ambiente da saúde, mas no mundo corporativo em geral, verifica-se uma predominância desse sentido mais instrumental do conceito. "Humanizar", em muitos casos, significa tornar os colaboradores e funcionários mais gentis, sociáveis, educados, visando incrementar o grau de empatia na relação com os clientes.

Nessa mesma perspectiva, podem-se inserir as propostas de Humanização que privilegiam a adequação dos ambientes de trabalho, visando à criação de espaços mais acolhedores e confortáveis, como salas de "descompressão", "relaxamento", munidas de sofás, pufes e até videogames.

Indo além, já são muitas as empresas que, além de espaços, oferecem aos seus colaboradores atividades promotoras de bem-estar físico e mental, como ioga, meditação, *mindfulness*, o que também parece se refletir diretamente no aumento da produtividade e do nível de felicidade.

Sem negar a validade, importância e efetividade de todas essas ações humanizadoras no contexto corporativo, constatamos, ao longo de todos esses anos de pesquisa e trabalho empírico, que tal perspectiva "técnico-funcional" de Humanização, se não deixa de trazer inegáveis contribuições e resultados positivos, à larga se mostra, entretanto, insuficiente e problemática. Isso porque, como já demonstramos antes, essa abordagem parte de uma concepção antropológica limitada, que supervaloriza as dimensões cognitivas e comportamentais do ser humano, desvalorizando as afetivas e reflexivas. Assim, se num primeiro momento é possível verificar uma mudança significativa no comportamento dos destinatários das ações humanizadoras e identificar uma elevação nos índices de qualidade de vida e satisfação, o "efeito" humanizador tende, em pouco tempo, a se dissolver e, em alguns casos, como descrevemos antes, a gerar consequências adversas e até contrárias.

Se a pretensão é operar um efetivo processo de Humanização, com resultados transformadores no longo prazo, é preciso adotar uma nova perspectiva antropológica, diferente daquela que predomina atualmente e que tende a considerar o ser humano como uma projeção das nossas próprias criações. Sim, pois ingenuamente encantados com as realizações científicas e tecnológicas dos últimos tempos, em especial no âmbito da cibernética e da inteligência artificial, tendemos a considerar que nossos cérebros (nossa maneira de pensar, de ser) sejam como os das máquinas que construímos. Dessa forma, se hoje é possível encontrar uma forma de realizar praticamente qualquer operação por meio da programação dos cérebros artificiais, por que não encontrar processos igualmente eficazes no campo natural? Teorias e propostas como as da Programação Neurolinguística e outras semelhantes na esfera das Neurociências e da Biopsicologia são um exemplo muito eloquente dessa crença. Nessa linha, assim como se acredita ser possível "reprogramar" certos hábitos e procedimentos cognitivos como velocidade de leitura e aquisição de novas habilidades intelectuais, imagina-se que, da mesma forma, seja possível "incutir" comportamentos mais "humanos" nas pessoas, por meio de procedimentos de treinamento e "reprogramação". Não é à toa, portanto, que em muitos lugares onde se adota esse ideal, fala-se, quase que instintivamente, de PROGRAMAS de Humanização. Por trás dessa terminologia está a crença (muitas vezes inconsciente, claro) de que é possível humanizar algoritmicamente.

Eis aqui o cerne daquilo que chamamos no capítulo anterior de EQUÍVOCO ANTROPOLÓGICO. Se nossos computadores expressam nossa imagem e semelhança, isso não significa que seus cérebros se identificam com os nossos. Gostemos ou não, somos muito mais complexos que os mais complexos computadores. Apresentamos, por um lado, muito mais "defeitos" e "limitações" do que eles – no que diz respeito justamente às operações algorítmicas – porém, por outro, possuímos características e capacidades – principalmente no domínio dos afetos, das intuições e dos sentimentos – que são e, parece, sempre serão irreprodutíveis na dimensão da inteligência artificial. E é justamente essa dimensão dificilmente programável e controlável que nos faz maiores e diferentes das coisas magníficas que criamos e que nos torna insuperáveis, enfim, que nos faz humanos. Portanto, pensar a Humanização em uma perspectiva algorítmica e programável é algo

Leitura, 1892. Almeida Júnior (1850-1899).
Óleo sobre tela, 141 cm x 95 cm.
Acervo da Pinacoteca do Estado de São Paulo, São Paulo, Brasil.

não apenas ilusório, mas também equivocado. A Humanização deve ser pensada em uma perspectiva não algorítmica, mas hermenêutica.

A hermenêutica, hoje conhecida como um ramo da filosofia, ligada à teoria da interpretação, apareceu na tradição ocidental como um método de interpretação de textos clássicos, especialmente a Bíblia. Na abordagem hermenêutica, o código linguístico é visto desde uma perspectiva simbólica, na qual a palavra e o texto podem ser interpretados de várias formas, não havendo UMA explicação correta e definitiva. Filósofos como Wilhelm Dilthey, Hans-Georg Gadamer e Paul Ricoeur, entre outros, adotaram e desenvolveram a hermenêutica moderna em várias dimensões. Porém, mais do que explorar toda a complexidade desse método de conhecimento, o fundamental para os nossos propósitos aqui é destacar a sua pertinência como meio de compreender tudo aquilo que diz respeito ao humano e, claro, ao fenômeno da Humanização.

Contrastando com a perspectiva algorítmica de base binária, na qual os fenômenos são apenas "zero" ou "um", na abordagem hermenêutica pode-se considerar não apenas "zero" ou "um", mas também "zero" e "um" ao mesmo tempo e uma infinidade de alternativas variadas. Ou seja, de acordo com a hermenêutica, ao se estudar o fenômeno humano, estamos lidando com uma realidade ambivalente, contraditória, aberta, como pontua Paul Ricoeur (1999) em sua Teoria da Interpretação. Nesse sentido, postular a possibilidade de "programar" os seres humanos, mesmo que para objetivos nobres, "humanizadores", apresenta-se não apenas como uma ilusão, mas também como equívoco.

Dmitri Karamázov, em certo momento do romance Irmãos Karamázov, ao conversar com seu irmão, Aliocha, desabafa: "Não, o homem é vasto, vasto até demais; eu o faria mais estreito" (DOSTOIÉVSKI, 2012, p. 162). E, efetivamente, o ser humano parece ser tão vasto e contraditório que muitas vezes isso nos assusta e desconcerta. Se nos fosse dado recriar a nós mesmos, talvez fizéssemos como Dimitri Karamázov e nos faríamos mais "estreitos", mais "controláveis" e "previsíveis", à medida das coisas que criamos de acordo com nossa razão fria e algorítmica. No entanto, gostemos ou não, somos assim: esse feixe de contradições e enigmas, "terrível e indefinível"; realidade na qual "os extremos se tocam e todas as contradições convivem" (2012, p. 162).

Por outro lado, ainda acompanhando a percepção extremamente aguçada e profunda desse verdadeiro "perito em Humanidade" que é Fiódor Dostoiévski, ao mesmo tempo que "vasto e contraditório", o ser humano é também "insuficiente". Ou seja, para ser humano não basta ter nascido humano, é preciso de alguma maneira "conquistar" a sua própria Humanidade. Ser humano, portanto, não pode ser entendido como uma simples condição, mas antes como um devir, como um verdadeiro processo de realização que nunca se completa definitivamente.

Essa ideia do ser humano como *devir*, processo, presente não apenas em Dostoiévski, mas em diversos outros autores igualmente argutos e profundos como Guimarães Rosa (2017), em cuja obra essa imagem do humano também está associada com *o ir sendo e se fazendo na travessia*) – ecoa, por sua vez, uma concepção muito mais antiga e essencial da tradição ocidental: a dos gregos da Antiguidade, que, desde os tempos homéricos, identificavam a noção de ser humano com o movimento de *tornar-se* humano. Para os gregos, começando por Homero, passando pelos poetas trágicos e chegando em Sócrates, Platão e Aristóteles, a Humanidade está indelevelmente associada com a imagem da excelência, da virtude, que eles denominavam *areté* (JEAGER, 2001). Nesse sentido, o ser humano para os gregos não é efetivamente uma condição, mas um *thelos*, um ideal, uma meta a ser alcançada. Identificada com a ideia de Bem, de Belo, de Virtude, o humano é assim não apenas ponto de partida, mas, principalmente, ponto de chegada: objetivo a ser alcançado – ainda que esses grandes idealistas soubessem claramente que tal objetivo divino nunca pudesse ser plenamente alcançado no tempo da vida corporal. Assim, embora não se possa encontrar efetivamente o termo Humanização no vocabulário poético e filosófico dos gregos antigos (como tampouco entre os latinos, herdeiros da antropologia helênica e cofundadores da Civilização Ocidental), sua noção é perfeitamente identificável e serviu como referencial para o sentido que tal palavra assume em autores modernos como, por exemplo, Dostoiévski.

Nesse contexto, portanto, Humanização quer significar o processo que torna o homem mais humano, que o *torna mais próximo daquilo que ele deve ser*. E o que ele deve ser? Ora, simplesmente mais: mais forte, mais corajoso, mais experiente, mais sensível, mais inteligente, mais generoso, enfim, mais virtuoso, o que, na perspectiva humanística clássica, está associado com o Bem e o Belo (JEAGER, 2001). E a consequência desse movimento, desse esforço por ser *mais*, por ser *melhor*, seria, segundo Aristóteles, a felicidade. Assim, nessa perspectiva humanística, a Humanização pode ser vista como o próprio caminho para uma vida boa, bela e feliz – em suma, para uma vida saudável (no sentido mais amplo e profundo da noção de saúde).

Essa noção da Humanização como processo de progressiva ampliação parece encontrar uma de suas formulações mais felizes na frase que Montesquieu (2015), em seu tratado sobre *O Gosto*, usa para descrever esse movimento que vimos caracterizando: "ampliação da esfera da presença do ser". Para o filósofo francês do século XVIII, o homem se humaniza na medida em que vai ampliando suas experiências sensoriais, afetivas, cognitivas e relacionais. Para ser humano, estar vivo não basta. É preciso *existir*, ou seja, realizar experiências, ampliar o campo de visão, sensações, sentimentos, pensamentos, conhecimentos, e então ir realizando a integralização crítica de todas essas experiências na formação da Consciência e do gosto.[20] Por isso, para que haja Humanização, é preciso que o homem *saia*, que ele ultrapasse os limites impostos pela natureza, pela família e pela sociedade. Montesquieu considerava a viagem um meio privilegiado para a realização desse processo de ampliação do ser que caracteriza a Humanização. A viagem, segundo Montesquieu, amplia os horizontes, desloca a perspectiva, o ponto de vista do sujeito, levando a olhar o cotidiano a partir do inusitado e do estranho, do alheio. Essa ampliação da experiência dos sentidos, dos afetos e da inteligência que as viagens proporcionam é a principal base para a ampliação da esfera do ser.

Essa concepção que associa o processo de Humanização com a experiência de saída e viagem reflete, por sua vez, a própria noção de *realização, de conhecer-se a si mesmo e tornar-se o que se deve ser* presente nas narrativas caracterizadas pela *jornada do herói*. Na mais antiga delas, a *Odisseia* de Homero (2017), base e fundamento para todas que vieram depois na civilização ocidental, conta-se a história de um herói – Odisseu (em grego) ou Ulisses (em latim) – que, depois de haver saído e vivido muitas aventuras, busca o retorno para casa e, paralelamente, a história de seu filho, Telêmaco, que sai em viagem em busca do seu pai ausente. Em ambas as trajetórias, daquele que volta e daquele que sai, vislumbra-se, de forma icônica e arquetípica,

---

20. Encontramos ideia semelhante no conceito de Perijivanie, de Vigotsky (2015).

o processo de Humanização como ampliação da esfera do ser – o ir tornando-se cada vez *mais* humano, na medida em que se vivenciam as experiências que as viagens de ida e de retorno possibilitam.

A imagem da saída, de romper as barreiras, de ir do estreito para o largo, do limitado ao amplo, apresenta-se associada com o fenômeno da Humanização não apenas no movimento de desenvolvimento biológico e psicológico – nascimento (sair do útero), crescimento (ampliar as experiências sensoriais), amadurecimento (ampliar o conhecimento, sabedoria) – como em praticamente todas as grandes narrativas da Humanidade que tratam direta ou indiretamente do tornar-se humano. Assim, todo movimento essencialmente humanizador se apresenta como verdadeira aventura, uma viagem que se inicia com uma experiência interpelativa e que prossegue, em meio a desafios, perigos, dores, mas também a prazeres, êxtases e descobertas, que na sua mescla e combinação, vão compondo o ser humano no encontro consigo mesmo e na realização do seu *ethos*[21].

De acordo com Montesquieu (2015), essas *viagens* que possibilitam a *ampliação da esfera da presença do ser* não devem ser entendidas apenas no sentido físico, material do termo. Segundo o filósofo, toda experiência estética – experiência que nos desperta e nos *tira de nós mesmos* – não deixa de ser ela mesma uma *viagem*. Assim, tanto quanto uma excursão a algum lugar longínquo e exótico, a fruição de uma obra de arte ou a leitura de um bom livro de literatura podem provocar efeito semelhante e, em alguns casos, ainda mais mobilizadores ou humanizadores que uma viagem real.

Nesse sentido, Montesquieu (2015) faz eco, novamente, à percepção antiga e clássica que associava a *experiência estética* com a *Humanização*. Já no pensamento arcaico, de fundamentação mítica, o ser humano padecia de uma *insuficiência ontológica*: o esquecimento. Criados à imagem e semelhança dos deuses, os seres humanos se viram tão parecidos com aqueles que acabavam se esquecendo de

---

21 Ver : Gallian, Dante. *É próprio do humano: uma odisseia de autoconhecimento e autorrealização em 12 lições*. Rio de Janeiro, Record, 2022.

que eram criaturas mortais. Assim, inflados de soberba, muitas vezes acreditavam-se deuses e alçavam-se a realizações e alturas que os excediam, experimentando inevitavelmente um destino trágico. Humilhados e de orgulho ferido, acabavam novamente esquecendo o seu verdadeiro ethos e passavam a se comportar como animais, com quem compartilhavam parte de sua natureza. Dessa forma, condenados a viver hora mais alto do que poderiam, hora mais baixo do que deveriam, os seres humanos (*anthropos*, cujo termo no grego arcaico deriva da mesma raiz da palavra esquecimento), esses grandes esquecedores (LAUAND, 1997), precisavam ser constantemente lembrados sobre quem eram. De acordo com Píndaro, poeta grego do século VI a.C., tal tarefa ficou a cargo das *Musas* (*aesthesis*, em grego), filhas de Zeus com Mnemosine, a deusa da memória, que, conforme o seu próprio nome evoca, tinham a missão de *despertar* e *lembrar* os seres humanos do que eram e qual o seu verdadeiro *ethos* – seu verdadeiro lugar no cosmos. E não é à toa que as *Musas* (nove, segundo Píndaro) estão normalmente associadas às artes, pois é justamente por meio da *experiência estética* (*aesthesis* = despertar) promovida pela arte que o ser humano se lembra.

  Essa relação intrínseca entre *experiência estética* e *Humanização*, entre *estética* e *ética*, perceptível já nas primeiras narrativas da história da Humanidade, é retomada e desenvolvida pelo pensamento filosófico da Antiguidade e chegou até a Modernidade pelas várias vertentes das tradições humanistas, sobrevivendo, ainda que de forma marginal, até nossos dias. A partir da nossa experiência empírica com o Laboratório de Leitura foi possível constatar na prática, de forma exemplar, aquilo que as narrativas míticas e filosóficas já apontavam: o ser humano, vasto e insuficiente, para *realizar-se* e *tornar-se* o que ele deve ser, para, enfim, *humanizar-se*, tem, necessariamente, que passar pelo processo de *ampliação da esfera do seu ser*, em todas as suas dimensões – afetiva, intelectiva e volitiva. Para tanto, ele tem de ser *despertado, lembrado e mobilizado* por uma e*xperiência estética* que, ao afetá-lo, o leve a refletir, e ele, ao refletir, *encontre o humano* e *a si mesmo no humano*, gerando um movimento de transformação que redunde em ser mais e melhor, em ser mais humano. Por fim, todo esse processo de Humanização é aquilo que, de fato, pode trazer o que chamamos de saúde, felicidade e sentimento de realização e satisfação, que está na base dos anseios humanos.

É essa, pois, a Humanização a que se referem os grandes poetas, filósofos e humanistas ao longo da história. É essa a Humanização que efetivamente transforma e que, ao afetar as pessoas, acaba por impactar os ambientes em que elas vivem e trabalham, tornando-as mais humanas. É essa, pois, a Humanização efetiva que se deve propor e buscar no ambiente corporativo.

O Laboratório de Leitura:
uma experiência estético-reflexiva que humaniza

Como relatamos anteriormente, o Laboratório de Leitura urgiu em uma escola de medicina, como resultado de um esforço por humanizar a formação dos futuros profissionais da saúde e, de forma experimental (laboratorial, poderíamos dizer), se estruturou a partir da constatação empírica do poder despertador, reflexivo e mobilizador que a literatura (especialmente a literatura clássica) possui. Uma descrição detalhada de sua fundamentação teórica e dinâmica metodológica foi objeto de dezenas de artigos científicos publicados em revistas internacionais e, em boa medida, sintetizadas na obra já mencionada, *A Literatura como Remédio: os clássicos e a saúde da alma*. Para os objetivos deste livro, faremos uma descrição sumária da dinâmica do LabLei, tal como ela vem sendo desenvolvida no âmbito das empresas. Fundamentada na constatação de que o processo de Humanização só pode se realizar eficazmente quando as três dimensões da experiência humana são mobilizadas – a do afeto, da inteligência e da vontade – a metodologia do LabLei estrutura-se consequentemente em três etapas: Histórias de Leitura, Itinerário de Discussão e Histórias de Convivência.

Antes, porém, de ter início o ciclo de encontros de 90 minutos que caracteriza o LabLei, há uma importante fase de construção da proposta que, no âmbito corporativo, geralmente é delineada a partir das demandas e expectativas das lideranças da empresa, com a atuação predominante dos gestores de pessoas ou de recursos humanos. É a partir desse *briefing* que os responsáveis pelo projeto de Responsabilidade Humanística, podem apresentar sua proposta de livro ou livros a serem lidos e trabalhados. Assim, a Humanização nunca é trabalhada de forma genérica e independente, mas, em certa medida, *customizada*, em função das necessidades ou interesses da gestão de cada empresa em cada momento concreto. Se a demanda for relacionada, por exemplo, ao desenvolvimento de valores necessários a uma liderança mais inspiradora e humanizada, certos livros, como *O conto da Ilha Desconhecida*, de José Saramago, são especialmente indicados. Se, por outro lado, a solicitação for no sentido de levar a uma reflexão sobre a tomada de decisão, o livro poderia ser *Hamlet*, de Shakespeare. Ou, se o interesse for no sentido de gerar uma ponderação sobre o equilíbrio entre vida corporativa e vida familiar, passando pelo tema do propósito pessoal e pelo autoconhecimento, o livro deve ser, com certeza, *A morte de Ivan Ilitch*, de Liev Tolstói.

A decisão por utilizar a literatura clássica nesse contexto não é arbitrária, nem fruto de qualquer dogma acadêmico. Assim como a própria existência do LabLei e a estrutura de sua metodologia, a preferência pelos clássicos surgiu como resultado da experiência empírica, laboratorial. A princípio, quando nasceu o LabLei, na Escola Paulista de Medicina, os livros eram sugeridos pelos próprios alunos, de acordo com seus interesses. Assim, foram muitas as obras de literatura contemporânea, crônicas e *best-sellers* que nortearam as discussões dos primeiros anos do laboratório. Entretanto, logo percebemos que, quando o livro proposto era um clássico, a amplitude e a profundidade das discussões eram significativamente maiores. Não demorou muito para percebermos por que os clássicos são clássicos. Tomando a metáfora da literatura como remédio, podemos afirmar, com toda a segurança, que os clássicos, entre toda a "farmacopeia literária", apresentam um "princípio ativo" mais poderoso. Justamente por se constituírem em expressões incomparáveis dos dramas essenciais da existência humana, os clássicos, sem deixar de trazer as marcas e as especificidades de seu próprio tempo, língua, cultura, apresentam uma validade ao mesmo tempo perene e universal. São essas as obras que nos permitem chegar mais fundo naquilo que é próprio do humano, independentemente da época e do lugar, porque são elas, no contexto do patrimônio literário da Humanidade, as traduções mais felizes do que é ser *humano*. Tais observações, comuns nas obras de críticos e especialistas em literatura como Ítalo Calvino (1991) e Harold Bloom (2005), puderam ser vivenciadas e constatadas ao longo de mais de 15 anos de experiência com o Laboratório de Leitura. E, efetivamente, a opção preferencial pelos clássicos, além de se tornar uma espécie de marca registrada do LabLei, acaba por ter características muito peculiares quando essa atividade é realizada no ambiente corporativo. Como veremos adiante, ela se apresenta como um aspecto diferencial e extremamente valorizado nesse contexto.

Uma vez definido o livro de acordo com as especificidades de cada organização, é feita uma apresentação sobre a dinâmica do Laboratório de Leitura, seus objetivos e metodologia, e definido um prazo para a leitura individual dos participantes. O processo então se inicia e, no primeiro encontro, seguindo os princípios antropológicos e os objetivos humanizadores do LabLei, os participantes são convidados a fazer suas Histórias de Leitura: o compartilhamento dos sentimentos, afetos, impressões que a experiência de leitura suscitou. Nesse momento, o coordenador do LabLei adverte que as Histórias de Leitura estão muito longe de ser uma "análise crítica" da obra, um resumo ou uma ponderação acadêmica do tipo que se aprende na escola ou na universidade, em que aquilo que interessa são as características técnicas e estilísticas da obra e não os sentimentos e afetos que ela suscitou no leitor. Os participantes são convidados a falar com franqueza e a manifestar suas impressões efetivamente subjetivas, pessoais, portanto, todo o contrário daquilo que em geral lhes foi ensinado e cobrado durante sua vida escolar. Tal abordagem permite que a fundamentação da atividade seja efetivamente a experiência dos afetos suscitados pela interpelação estética que a obra proporciona. As Histórias de Leitura permitem que venham à tona os sentimentos, base significativa de qualquer processo humanizador, assim como os grandes temas, perguntas e questões que serão, na fase seguinte, explorados e trabalhados, em uma dinâmica de reflexão que se apoia e não nega a experiência afetiva.

Essa segunda fase, denominada Itinerário de Discussão, corresponde aos encontros intermediários, que podem variar de acordo com o tamanho do livro trabalhado. Sem menosprezar a carga afetiva, privilegia-se nessa etapa o trabalho da inteligência, da reflexão coletiva, que permite não apenas a experiência da releitura, como também de inusitadas e mobilizadoras descobertas a respeito do humano e, obviamente, de si próprio. O coordenador da atividade propõe uma divisão da obra em partes ou capítulos, que devem ser relidos e depois discutidos em cada encontro, gerando uma oportunidade de aprofundamento reflexivo pouco comum no ambiente corporativo e na vida moderna como um todo. São muitas as surpresas e descobertas não só em relação à obra em si, seus personagens e situações, como também em relação aos próprios participantes, em geral colegas de trabalho, e ao autoconhecimento de cada um. Como núcleo da metodologia do LabLei, o Itinerário de Discussão constitui elemento de primeira importância no processo humanizador proposto pela atividade.

Finalmente, a terceira e última etapa da metodologia privilegia a dimensão volitiva do processo humanizador. Ela tem início com o despertar afetivo suscitado pela experiência estética com a leitura dos clássicos e é desenvolvida a partir da reflexão intelectual e crítica coordenada e coletiva. Ao término do ciclo, cabe avaliar em que medida todo esse processo estético-reflexivo impacta a visão de mundo, do outro e de si mesmo de cada participante. Por isso, nessa derradeira etapa, denominada Histórias de Convivência, é possível identificar o que significou, para cada indivíduo, ter participado da experiência do Laboratório de Leitura: o que ficou de mais importante, o que mudou em sua forma de ver e pensar a respeito dos temas e questões que foram discutidos e como isso impacta o comportamento e as atitudes de cada um. Fechando o ciclo humanizador, as Histórias de Convivência privilegiam, portanto, a dimensão volitiva da experiência humana e permitem tomar Consciência de e expressar as possíveis transformações que se operaram e que ainda se quer operar como consequência de toda a mobilização que o LabLei proporciona.

É claro que os efeitos e transformações operadas são muito variáveis e, em grande medida, imponderáveis. Entretanto, as Histórias de Convivência revelam aspectos muito importantes e interessantes que permitem identificar o grau de efetividade humanizadora que o LabLei possibilita. Muitos dos efeitos na vida das pessoas e das organizações que passaremos a elencar e comentar no capítulo seguinte foram extraídos dessas consistentes e às vezes emocionantes Histórias de Convivência colhidas ao final de muitas dezenas de ciclos de Laboratório de Leitura em dezenas de empresas em que ele foi e vem sendo realizado.

URÂNIA

Musa da Astronomia

Capítulo V

Humanização na prática: a aplicação do LabLei nas empresas e seus efeitos

Como assinalamos no capítulo anterior, a Humanização vem despontando, na esteira da Sustentabilidade, como um valor de primeira ordem no universo corporativo. A cada dia vemos crescer o número de reportagens e publicações que remetem ao tema, e o próprio termo, antes restrito a setores muito definidos da esfera pública e do campo da saúde, agora encontra forte ressonância no vocabulário empresarial. Como ocorreu há uma década em relação ao tema da Sustentabilidade, a tomada de Consciência sobre a importância de se Humanizar o ambiente corporativo e as pessoas que nele trabalham e vivem é hoje uma das demandas mais importantes e urgentes. Porém, como também vimos, se, por um lado, não existe dúvida sobre a pertinência dessa nova tarefa e responsabilidade que despontam no universo empresarial, por outro, ainda não é claro, para a maioria dos líderes e gestores, a forma mais eficaz de se assumir essa responsabilidade e de levar a cabo essa tarefa. E, por trás desse hiato entre a tomada de Consciência e a eficácia das ações, está a falta de clareza e acurácia antropológica do que seja efetivamente Humanização, assim como a carência de projetos bem estruturados do ponto de vista teórico e metodológico capazes de produzir resultados eficazes e duradouros.

Neste último capítulo, aproveitando a experiência empírica de quase uma década de aplicação de uma metodologia no âmbito corporativo que já vem apresentando resultados em outros campos da realidade social há quase duas, procuraremos demonstrar como a abordagem humanística, que faz uso da literatura como forma de suscitar a experiência estética e reflexiva entre as pessoas, constitui um meio privilegiado e eficaz de promover a Humanização no ambiente empresarial. Para tanto, utilizaremos dezenas de cases de sucesso em empresas, procurando apontar resultados concretos que reforçam a pertinência dessa abordagem como meio de responder às demandas de uma gestão humanisticamente responsável.

Os exemplos aqui apresentados e analisados procedem de projetos do Laboratório de Leitura aplicados em mais de uma dezena de empresas[22] por meio de ações específicas da Responsabilidade Humanística ou da parceria com outras empresas, especialmente com a ISE IESE Business School, onde vários ciclos de LabLei foram realizados internamente ou *in company*. Os resultados que a seguir analisaremos mostram como o LabLei é uma ferramenta efetiva de Responsabilidade Humanística e como os seus efeitos estão alinhados com as melhores práticas de gestão da atualidade.

Para tanto, precisaremos mudar a maneira como usualmente apuramos e avaliamos resultados nas empresas, onde predominam as técnicas quantitativas de análise de dados. No ambiente corporativo, estamos bastante familiarizados com métodos de análise matemáticos e estatísticos, que são fundamentais para análise financeira, projeções de vendas, construção de *business cases* e na análise dos resultados de diversos tipos de pesquisas internas de recursos humanos, como clima organizacional e engajamento. Todavia, quando tratamos de Humanização, estamos lidando com experiências e vivências que os números e estatísticas não conseguem medir. Por isso, precisamos adotar uma abordagem qualitativa para a interpretação desses fenômenos, e as narrativas são a matéria-prima para esse trabalho. Apresentaremos

---

22. Entre essas empresas destacam-se: Natura, Ferring Farmaceuticals, Zodiac, Jacto HCor, C&A, CIEE, Bradesco, Banco do Brasil, BB&Mapfre, Sicredi, Capgemini, Porto Seguro Seguradora, Banco Santander, onde ocorreu mais de um ciclo. Em algumas delas programas de mais de um ano foram e estão sendo realizados.

a seguir algumas que foram coletadas de sessões de Laboratório de Leitura, relatos de experiências narrados oralmente ou por escrito na fase das Histórias de Convivência do LabLei e entrevistas individuais. Uma vez registradas essas narrativas, passamos para a fase interpretativa. Empregamos nesse processo diversas metodologias largamente utilizadas no campo das Ciências Sociais e Humanas, especialmente da Antropologia, Sociologia e da História oral de vida.

Primeiro efeito: o impacto disruptivo do inusitado

Confesso que, quando apresentaram a proposta do Laboratório de Leitura aqui no hospital, não pus muita fé. Em primeiro lugar porque não tinha o costume de ler – e ler clássicos da literatura muito menos! Para dizer a verdade, tirando talvez os livros que precisei ler para o vestibular há incontáveis anos (e mesmo nessa ocasião o que li foram os resumos nas apostilas do cursinho), nunca me interessei por esse tipo de livro. Não sei por que – hoje sei que é por preconceito mesmo – achava esse tipo de literatura chata; difícil e chata. Então, num primeiro momento, pensei em não aderir. Mas depois, sendo bem sincero, vendo a adesão dos outros gestores à proposta, achei por bem me inscrever – afinal não pegava bem eu ser o único a não fazer a atividade. Claro que contou também a palestra inicial, na qual o Prof. D. explicou como funcionava o LabLei. Ele comentou a respeito desse preconceito que muita gente tem em relação aos clássicos e como a leitura deles não era nenhum bicho de sete cabeças. Fiquei desconfiado e aquilo me motivou. E não é que funcionou?! Lemos, na ocasião, *A morte de Ivan Ilitch*, de Tolstói. Obviamente eu nunca teria lido esse livro se não fosse o Laboratório de Leitura. Foi o início de uma grande mudança na minha vida. Entre outras coisas, o LabLei me introduziu nesse universo maravilhoso da literatura, das grandes obras, dos grandes autores. Eu não tinha ideia do que estava perdendo todos esses anos por causa dos meus preconceitos. Essa experiência foi um verdadeiro *turning point* em minha vida. Desde então me tornei um leitor! E não apenas de livros que iremos discutir nos encontros do Laboratório! Depois de *A morte de Ivan Ilitch*, já li outros três do Tolstói! E já comecei a ler outros:

Dostoiévski, Tchekhov... Só para falar nos russos, rs. O Laboratório de Leitura me abriu novas perspectivas, me introduziu num mundo novo que eu mal fazia ideia da riqueza que lá havia. Sou imensamente grato ao LabLei e aos diretores que bancaram o projeto. Sem eles eu não seria a pessoa que sou hoje.[23]

Esse testemunho, de autoria de um gestor da área de suprimentos, dado em um encontro de Histórias de Convivência de um dos ciclos realizados em hospital privado (uma das primeiras empresas privadas a acolher o projeto do LabLei), evidencia claramente a primeira grande surpresa que, inevitavelmente, a proposição de uma atividade de cunho humanístico suscita no ambiente corporativo. Vista a princípio com desconfiança, a proposta inusitada acaba por ter um potencial inesperado, gerando uma experiência disruptiva no âmbito dos hábitos e do comportamento. Em um cenário no qual a tecnologia digital e a inteligência artificial impõem-se como pauta obrigatória de transformação e mudança, não deixa de ser curioso que seja a leitura de um livro escrito há quase 150 anos e lido em formato tradicional (em papel) o detonador desse processo.

Considerando apenas essa dimensão da experiência, percebe-se já o quanto a proposição de um projeto humanístico pode ser provocadora de surpresas e de vivências inusitadas com grande potencial disruptivo e transformador no ambiente corporativo, normalmente caracterizado pela rotina e a monotonia protocolar que a eficiência do sistema produtivo impõe. Percebe-se, portanto, que, muitas vezes, a mera oferta de uma proposta inusitada, fundamentada em experiências humanísticas não habituais, já apresenta um efeito humanizador, constituindo uma inovação no campo das práticas gerenciais.

Ainda nessa perspectiva do disruptivo e inusitado, uma diretora jurídica de uma importante instituição financeira comentava em um ncontro de Histórias de Convivência, depois de ter lido e discutido *O conto da Ilha Desconhecida*, de José Saramago:

---

23. Entrevista concedida no dia 28 de junho de 2010 (grifo nosso).

Toda a minha vida (pelo menos até onde consigo me lembrar) só li livros de autoajuda. E confesso que eles na verdade pouco ou nada me ajudaram. Esse é o primeiro livro que não é de autoajuda que eu leio e, curiosamente, é o livro que mais me ajudou em toda a minha vida! Nunca poderia imaginar uma coisa dessas![24]

Independentemente da dinâmica efetivamente transformadora que, sem dúvida, é potencializada e ampliada pela metodologia do Laboratório de Leitura, a simples proposição da leitura de clássicos da literatura no ambiente corporativo determina uma experiência inusitada, disruptiva e que surpreende. Abre novos horizontes, apresenta novas possíveis visões de mundo e amplia o repertório estético e cultural dos colaboradores. Nesse sentido, um dos efeitos mais interessantes que temos podido observar, em meio a tantos outros, é a elevação da autoestima. Não são poucos os participantes desses projetos nas empresas que manifestam um sentimento de alegria e satisfação, oriundo da percepção de que estão sendo valorizados e beneficiados por um tipo muito especial de investimento; um investimento que extrapola o âmbito meramente técnico e profissional. Como nos revela um diretor de Recursos Humanos da mesma instituição acima citada:

> Independentemente dos resultados que a leitura e a reflexão trazem para eles, não deixa de ser muito interessante notar como se sentem importantes e valorizados ao receberem de presente da empresa um livro como esses [referindo-se a *O Rei Lear*, de Shakespeare]. É comum vê-los no ambiente de trabalho com o livro embaixo do braço ou em meio aos papéis técnicos e burocráticos, ostentando até um certo orgulho: eu estou lendo Shakespeare! E comentam: "Legal o banco proporcionar isso para a gente; uma oportunidade para crescer do ponto de vista cultural e humano..." Desde que começamos a fazer esses laboratórios aqui o ambiente mudou. Algo novo aconteceu e isso impactou muito positivamente o trabalho.[25]

---

24. Entrevista concedida no dia 10 de maio de 2015.
25. Entrevista concedida no dia 31 de maio de 2015 (grifo nosso).

É muito comum percebermos esse impacto mobilizador disruptivo antes mesmo de iniciarmos os encontros de compartilhamento e discussão. São inúmeras as Histórias de Leitura como a desse gestor financeiro de outra instituição financeira que participou de um ciclo do LabLei no ISE Business School:

> Comecei a ler o livro [*A morte de Ivan Ilitch*] no mesmo dia em que recebi. Foi à noite, e minha esposa já estava dormindo. De repente, comecei a ficar tão emocionado e tocado pela história que tive de acordá-la para ler alguns trechos para ela. No começo, ela não gostou, mas, passada a raiva inicial, também se emocionou. No dia seguinte, acordei e olhei no criado mudo e o livro não estava lá. Pensei: "Como assim?! Deixei ele aqui antes de dormir..." Fui até a cozinha e lá estava ele nas mãos da minha esposa, que estava lendo sem conseguir parar também! Isso causou uma verdadeira revolução lá em casa... <u>Como pode um simples livro trazer tanta mobilização</u>, não só no trabalho, mas até em casa?![26]

Gratidão: eis uma das palavras mais recorrentes que encontramos nos relatos de experiência e nas avaliações realizadas pelos participantes dos encontros promovidos pela Responsabilidade Humanística em todos os espaços corporativos em que atuamos. E esse sentimento de gratidão se remete também, e principalmente, às lideranças da própria empresa que foram sensíveis e possibilitaram a realização dessa experiência.

Percebe-se que esse sentimento de gratidão deriva em grande parte do aspecto inusitado, incomum da vivência proporcionada. Primeiro, como vimos, pela oferta do livro e pela experiência provocada pela leitura individual, mas também, e principalmente, pela experiência do Laboratório de Leitura em si, por meio dos seus encontros de reflexão e partilha em grupo. Como bem explica uma participante, coordenadora da área de marketing de uma empresa de cosméticos:

---

26. Entrevista concedida no dia 14 de abril de 2014 (grifo nosso).

Ter de ler o livro já foi uma surpresa e tanto. De repente, eu me via, por exemplo, em casa, pedindo um tempo e arranjando um cantinho tranquilo para ler uma "coisa do trabalho". E que coisa mais prazerosa, deliciosa, essa "leitura de trabalho": um momento para escapar um pouco do mundo, do tempo, do espaço e viajar, por terras e tempos tão distantes – estava lendo *O retrato de Dorian Gray*, de Oscar Wilde. Foi incrível descobrir que era um momento só meu, um investimento em mim, sem compromisso com algo técnico, de resultado imediato... Isso, por si só, já valeu, mas não ficou apenas por aí! Tão ou mais prazeroso e reconfortante que esses momentos de leitura solitária eram os momentos dos encontros do laboratório. Que experiência mais deliciosa e terapêutica: a gente poder encontrar outras pessoas que estão lendo o mesmo livro que a gente e compartilhar nossas impressões, sentimentos, afetos, questionamentos... E tão legal quanto falar é ouvir. Nossa, quanta coisa bacana, interessante, quanto aprendizado! Eu ficava ansiosa para que o dia do encontro chegasse logo, não via a hora de ir para o laboratório no final do expediente. Acho que o laboratório trouxe um novo gás, uma nova motivação não só para minha vida profissional, mas para minha vida como um todo. E pensar que isso acontecia no ambiente de trabalho e por causa do trabalho![27]

Uma experiência de "descompressão", "descanso", "aprendizado", "relaxamento", " olhar para outros lados e outras paisagens", "cuidar de si mesmo" e " encontro com os outros no terreno da Humanidade": essas são algumas das muitas palavras e expressões ditas ou escritas por aqueles que tiveram a oportunidade de realizar o Laboratório de Leitura, que, como uma atividade inusitada e disruptiva, proporciona uma experiência cujos efeitos humanizadores se desdobram em vários âmbitos e dimensões, como veremos a seguir.

---

27. Entrevista concedida no dia 28 de outubro de 2011.

Segundo efeito: ampliação de repertório e seus impactos

Em um mundo no qual a inteligência artificial vem substituindo com sucesso uma série de atividades antes desempenhadas pelo ser humano, começa-se a discutir seriamente qual será a função do indivíduo no âmbito do trabalho no futuro.

São muitos os estudos que têm feito previsões e prospecções sobre essa realidade inevitável e quase todos apontam a necessidade de uma redefinição do processo de formação para o mercado, que já começa a exigir – e exigirá cada vez mais – um profissional menos técnico e mais "humanista". Ou seja, já se percebe que, diante das novas configurações no mundo do trabalho, as competências e habilidades esperadas, principalmente para os que devem desempenhar o papel de líderes, são menos as operativas e simplesmente cognitivas e mais aquelas que possibilitam uma visão de mundo mais abrangente e que englobam a inteligência, a sensibilidade, a intuição, a empatia. Efetivamente, o que se demanda e demandará cada vez mais dos novos líderes é uma capacidade de ver e analisar a realidade em uma perspectiva ampla, abrangente, complexa, além da habilidade de agir com criatividade, originalidade e autonomia. Para tanto, torna-se fundamental uma mudança de foco, principalmente no âmbito da formação. É essencial ampliar o repertório e elevar seu nível. Como é possível enfrentar essas novas exigências sem um repertório adequado? O reconhecimento dessa verdade já se tornou algo patente nos ambientes corporativos mais exigentes e mais adiantados no processo de preparar os novos líderes para o futuro. O investimento na melhoria e ampliação do repertório cultural e humanístico passou a ser prioritário e corresponde a uma das primeiras ações de uma empresa comprometida com a Responsabilidade Humanística.

Analisando as diversas dimensões do impacto que a aplicação do Laboratório de Leitura provoca nas empresas em que ele foi e vem sendo desenvolvido, vimos que um dos aspectos mais percebidos e comentados é justamente o fenômeno da ampliação e melhoria do repertório humanístico e cultural.

Já mencionamos exemplos do impacto inusitado e disruptivo do LabLei para os líderes e colaboradores de diversas empresas. A seguir, destacamos seu efeito e importância no contexto corporativo, tanto em particular (de cada empresa) quanto no geral (no mercado).

Assim se manifestava um gestor de Recursos Humanos de uma indústria da área de cosméticos após o início do primeiro ciclo de Laboratório de Leitura com líderes da empresa:

> O conteúdo das conversas mudou. Outro dia estava na cafeteria e, sem querer, comecei a escutar a conversa da mesa do lado. Eram três gerentes que estavam fazendo o LabLei, e um comentava que ainda não tinha lido o livro que os outros estavam lendo. E eles não estavam apenas contando a história, mas também comentando os temas, as questões que aquela história permitia pensar. Foi muito interessante ver essas pessoas que, mesmo no intervalo para um café, costumam sempre conversar sobre trabalho ou então coisas como futebol ou qualquer outra trivialidade, falando sobre literatura e temas humanos profundos. Isso por si só me mostrou que investir numa atividade como essa estava valendo a pena.[28]

A ideia de que pode ser positivo e produtivo os colaboradores só pensarem e falarem de trabalho durante o expediente e inclusive nos momentos de pausa e relaxamento, aproveitando todo e qualquer intervalo, como a hora do almoço ou o café, para definir estratégias e fechar negócios, tem se mostrado cada vez mais infundada. Reconhece-se hoje que fomentar momentos de descompressão, pausa e relaxamento mesmo no meio do expediente – que ultrapassa frequentemente as oito horas diárias – não é apenas necessário, mas também extremamente oportuno e producente. Nos últimos anos, observamos o investimento das empresas na criação de espaços e opções de

---

28. Entrevista concedida no dia 11 de novembro de 2011.

lazer e relaxamento no ambiente de trabalho: salas de descanso, jogos e até soneca. Além disso, a importância da oferta de atividades de enriquecimento e aprimoramento cultural tem sido reconhecida e se concretiza na montagem de pequenas bibliotecas, exposições artísticas ou minicursos na área das Humanidades. Tudo isso vem sendo associado às boas práticas e à Humanização das empresas.

A experiência da Responsabilidade Humanística, principalmente na forma de propostas como a do Laboratório de Leitura, vem mostrando a grande eficácia humanizadora que um espaço de leitura e reflexão pode oferecer. Além de seu caráter disruptivo e inovador, a experiência do LabLei aponta para uma significativa mudança no ambiente cultural do local de trabalho e um imediato e perceptível incremento no nível cultural dos colaboradores. Tal transformação pode ser notada não apenas na forma de aproveitar o tempo livre e no teor das conversas, como bem apontou o último gestor citado, como também na qualidade do próprio trabalho realizado pelos colaboradores individualmente ou em equipe.

> Gostei da experiência do LabLei logo de cara por me dar a oportunidade de fazer algo diferente, por me "obrigar" a ler algo mais consistente que, de outra forma, não chegaria a ler. Mas, o que eu não podia imaginar é como isso repercutiria tão imediata e fortemente na minha própria prática profissional. <u>Trabalho com inovação e, de repente, comecei a perceber como a leitura de um clássico da literatura (e não só a leitura, mas a discussão, a troca que fazemos aqui no LabLei) pode impactar a minha forma de pensar, de imaginar e de criar – algo fundamental no processo criativo de inovação.</u> É incrível, mas essa experiência ampliou barbaramente meu repertório de conhecimentos, imagens, reflexões e isso impactou quase que imediatamente meu processo criativo. Estávamos lendo e discutindo *O retrato de Dorian Gray*, um livro que aborda o sentido da beleza de uma forma totalmente nova, inusitada para mim. E isso me ajudou, como alguém que desenvolve produtos relacionados à

beleza e ao bem-estar, a encontrar uma nova maneira de conceber e promover aquilo com que trabalho. Está sendo incrível![29]

O depoimento dessa gerente de inovação da mesma indústria citada explicita claramente o quanto uma experiência humanística como a do Laboratório de Leitura não apenas traz benefícios pessoais imediatos como também, ao facilitar a ampliação do repertório cultural e intelectual, traz contribuições importantes e eficazes para a própria prática profissional.

O investimento em cultura, em ampliação do repertório intelectual, além de gerar um sentimento de reconhecimento e agradecimento por parte do colaborador, ajuda a promovê-lo como pessoa e redunda imediatamente na qualidade do seu trabalho, o que contribui para elevar o nível cultural da empresa como um todo. Segundo comenta o diretor jurídico de um banco:

> A experiência com o LabLei foi incrível Ela não apenas me deu a oportunidade de ler e conhecer autores que por mim mesmo eu nunca conheceria, como ainda <u>me possibilitou pensar e refletir sobre temas tão importantes para minha vida pessoal e profissional a partir de um ângulo completamente novo</u>. Mas outro aspecto ainda mais interessante foi o quanto a leitura dessas obras – *O Rei Lear*, de Shakespeare, e *A morte de Ivan Ilitch*, de Tolstói – me estimulou a ler, pesquisar e saber mais sobre tantas outras coisas! Nossa, quanto eu aprendi sobre a época, o contexto histórico e a biografia desses autores! Isso é um grande estímulo para alargar nosso repertório cultural. E como isso se reflete imediatamente na maneira de a gente pensar, repercutindo também nos temas das nossas conversas. Aqui mesmo no banco eu já me vi pensando de forma diferente, sei lá, de um jeito mais amplo, mais crítico.[30]

---

29. Entrevista concedida no dia 25 de novembro de 2011 (grifo nosso).
30. Entrevista concedida no dia 15 de abril de 2015 (grifo nosso).

A relação entre cultura e pensamento é algo que vem sendo considerado há muitos séculos (RIBEIRO, 2001). Mais recentemente, diante da grande crise gerada pela tecnificação da cultura e da educação, o tema vem sendo retomado com enorme força tanto no âmbito da educação em geral quanto no universo da educação corporativa. Hoje, há uma percepção quase unânime entre os pesquisadores de que a educação que deverá preparar as gerações futuras deverá estar fundamentada cada vez mais nos saberes humanísticos do que nas competências e habilidades técnicas. Isso porque só o conhecimento humanístico, em seu caráter hermenêutico, é capaz de preparar os futuros líderes para tomar decisões em um mundo em constante mudança. Só a abordagem humanística pode oferecer essa capacidade de análise ampla, crítica e complexa, necessária para lidar com os desafios cada vez mais exigentes do mundo corporativo e da sociedade contemporânea.

Nossa experiência humanística no mundo corporativo com o Laboratório de Leitura comprova que ampliar o repertório cultural traz grandes dividendos humanizadores que redundam na elevação do nível e no desempenho do trabalho de gestão e liderança.

> O que aprendi com essas leituras e discussões a respeito de liderança e tomada de decisão é algo difícil de medir. <u>Olhar de forma mais ampla, abrangente, crítica e humana as situações de todos os dias só é possível quando mudamos o foco e ampliamos o repertório.</u> Isso ficou muito evidente para mim depois que li e discuti Shakespeare.[31]

Terceiro efeito: autoconhecimento e transformação pessoal

Autonomia, proatividade, segurança, responsabilidade, empatia... Essas são apenas algumas das qualidades associadas à imagem

---

31. Entrevista concedida no dia 07 de maio de 2016 (grifo nosso).

de líder que se busca dentro do ambiente corporativo. Para tanto, são inúmeros os programas de educação continuada e de desenvolvimento de pessoas que nas últimas décadas têm focado esses objetivos, com propostas e técnicas cada vez mais sofisticadas. Os resultados são muito variáveis, porém. Na maioria das vezes, parecem ser decepcionantes. O motivo disso pode estar associado com a abordagem antropológica da maioria desses programas, que, como analisamos no capítulo anterior, fundamenta-se em uma perspectiva essencialmente técnica ou, melhor, tecnicista.

Se o desafio da formação humana se apresenta como algo extremamente amplo e complexo, a missão de formar verdadeiros líderes constitui tarefa ainda mais desafiadora. Aqui, a perspectiva humanística impõe-se como elemento absolutamente indispensável, demandando um potente investimento no desenvolvimento de competências e habilidades não só técnicas e cognitivas, mas também, e principalmente, afetivas e intuitivas – qualidades essas que, como também vimos, somente propostas educacionais fundamentadas em experiências estéticas e reflexivas são capazes de suscitar. Nesse sentido, dentre os inúmeros efeitos humanizadores que o LabLei produz, o de despertar o desenvolvimento de capacidades essenciais para o desempenho da liderança acaba por se destacar. E isso justamente porque a experiência estético-reflexiva promovida pelo laboratório desencadeia um processo de conhecimento que é fundamental para o líder: o conhecimento do humano e, atrelado a esse, o autoconhecimento.

É indiscutível que um bom líder deva ser, em grande medida, um verdadeiro "perito em Humanidade". Ainda mais quando se almeja ser um líder humano e humanizado, único capaz de efetivamente ser um agente humanizador de sua equipe e seu entorno, ao mesmo tempo que coordena, determina e orienta.

Das falas e testemunhos de dezenas de líderes e gestores que participaram dos encontros do Laboratório de Leitura, no escopo do projeto de Responsabilidade Humanística, pode-se inferir como essa abordagem acaba por despertar uma Consciência detonadora do processo de transformação. Um exemplo muito eloquente é este testemunho de um diretor de uma rede internacional de magazines, após haver participado de um ciclo no qual discutimos O conto da Ilha Desconhecida, obra em que José Saramago narra a história de um homem sonhador que vai pedir um barco a um rei acomodado para poder sair em busca da ilha desconhecida:

> Ler e discutir esse livro foi algo muito impactante para mim. Ao refletir sobre esses dois personagens, o Homem que queria o barco e o Rei, foi possível identificar duas atitudes muito características presentes em nós líderes. <u>A primeira representa o líder movido por um propósito maior, que não mede esforços para ir em busca de algo novo, desconhecido; a segunda representa o gestor que opera segundo a norma, a rotina e o padrão. Assim, cada um deles estabelece uma relação com seus liderados: o primeiro acaba sendo um inspirador, um mobilizador; o segundo acaba sendo simplesmente aquele que manda e a quem é bom obedecer por questão de prudência e costume.</u> Nossa, vi muito de nós nesses dois personagens e, o pior (ou melhor, aliás!), vi a mim mesmo! Comecei a refletir e ver quando me comporto como o Homem que queria o barco e quando, às vezes, me comporto como o Rei, que vivia na Porta dos Obséquios. Nunca um livro me fez refletir tanto e de maneira tão profunda sobre o papel da liderança e, de maneira particular, a respeito da minha atitude como líder. Acho que nunca mais vou esquecer desses personagens![32]

Toda transformação só é efetiva quando fundamentada no despertar da Consciência. Mudanças provocadas por imposições mecânicas ou por motivações imediatistas e pontuais são invariavelmente frágeis, superficiais e não se sustentam. A experiência estética provocada pela fruição artística, em particular pelo impacto de uma narrativa, de uma história, acaba operando em nível muito mais profundo do que uma intervenção de escopo "comportamental". São muitos os humanistas que afirmam, desde os tempos da Antiguidade Clássica,

---

32. Entrevista concedida no dia 07 de junho de 2017 (grifo nosso).

que as histórias, muito mais que teorias, argumentos ou técnicas comportamentais, são as ferramentas mais úteis e poderosas na formação do caráter, dos valores e das atitudes. Ao associarmos certos valores e atitudes a um certo personagem, que *viveu* esses mesmos valores e atitudes na trama dramática de uma história peculiar, os incorporamos de maneira muito mais entranhada e significativa do que quando os "aprendemos" por meio de uma fórmula conceitual, meramente cognitiva. Como afirma o líder em seu testemunho reproduzido antes, quando aprendemos algo na forma de uma história, com personagens concretos (ainda que ficcionais) *não esquecemos nunca mais*. Isso porque os valores e atitudes a eles associados estão agora "encarnados" de forma viva e experiencial. Valores e atitudes não são mais meras ideias, elas agora são ações, gestos concretos, vividos. E assim se tornam algo mais próximo, mais humano e, portanto, efetivo. Histórias e personagens guardamos de cor, porque os guardamos no coração – ou seja, na dimensão afetiva da memória. E é de lá que eles brotam quando, em situações muito concretas da vida profissional, somos interpelados:

> Há poucos dias não tive como não lembrar de um livro e de uma discussão que tivemos há mais de um ano! – nos contava o presidente de uma empresa familiar que havia feito vários ciclos de Laboratório de Leitura no ISE Business School. Estava vivendo um grande dilema na empresa que exigia uma decisão importante e rápida. Comecei, obviamente, a ponderar as mil possibilidades e consequências dessas mesmas possíveis decisões e então percebi que o tempo estava passando e eu não tomava a decisão justificando isso com a necessidade de ponderação, de análise, de previsões. Foi então que lembrei, quase que instintivamente, do Hamlet, de Shakespeare... Lembrei daquela frase dele: "E o excesso de razão nos faz todos covardes." Lembrei da frase e do quanto ficamos mexidos com ela, o quanto discutimos e pensamos a respeito dela nos encontros do LabLei. Então, ficou claro para mim que todas aquelas justificativas para adiar minha decisão eram fruto não da prudência, mas da covardia. E, para não repetir o erro de Hamlet, acabei por decidir, ainda que estivesse um pouco inseguro. Eu já era fã desse laboratório, por tudo que já tinha

me proporcionado em termos de reflexões e descobertas, porém só naquele momento pude perceber a sua real e profunda importância, o impacto que isso teve na minha vida, o verdadeiro ensinamento que me proporcionou e a transformação que me causou. <u>O laboratório não apenas me ajudou a me conhecer melhor, mas também me ensinou a como ser melhor, a como agir melhor.</u>[33]

Tal efeito no âmbito do autoconhecimento e no da autorrealização, como nos informam os testemunhos dos participantes do LabLei no universo corporativo, impactam não apenas o ambiente e a prática profissional, mas também a esfera social, familiar e mesmo existencial. Vários são os depoimentos de líderes e gestores que apontam como essa experiência, vivenciada no espaço de trabalho, acabou sendo determinante em mudanças estruturais em outros âmbitos da vida.

A leitura e discussão de *A morte de Ivan Ilitch*, de Tolstói, foi um marco na minha vida. Principalmente em relação à minha postura como marido e pai. Depois de ler e refletir sobre os valores e escolhas do Ivan Ilitch e ver o resultado dessas escolhas, eu acordei, despertei, percebendo o quanto eu mesmo estava repetindo, sem saber, a vida de Ivan Ilitch. E então, ao perceber isso, comecei a ver claramente que, se estava repetindo a vida dele, iria, necessariamente, repetir também a sua morte. Nossa! Isso para mim foi algo terrível e maravilhoso ao mesmo tempo. Comecei a pensar e a dizer comigo mesmo: não quero isso! Não quero acabar como Ivan Ilitch. E assim, pouco a pouco, comecei a mudar. Comecei a definir um horário fixo para sair do banco, para estar mais cedo em casa... Desde então, também, quando estou em casa, procuro ESTAR mesmo com minha família, deixando de lado o celular, procurando viver com intensidade esses momentos, sem misturar as coisas.[34]

---

33. Entrevista concedida no dia 31 de março de 2014 (grifo nosso).
34. Entrevista concedida no dia 28 de agosto de 2015 (grifo nosso).

A experiência do Laboratório de Leitura tem nos mostrado, portanto, que o investimento no desenvolvimento do conhecimento do humano e do autoconhecimento por meio da leitura e discussão de obras literárias, ao influenciar a dimensão existencial do indivíduo, acaba por trazer evidentes subsídios positivos em seu desempenho profissional, em um círculo virtuoso que envolve pessoa, família e trabalho, objeto central de uma empresa que objetiva ser humanisticamente responsável.

Quarto efeito: conhecimento do outro, desenvolvimento da empatia e fortalecimento de vínculos

Um dos maiores desafios atuais no âmbito da gestão corporativa é, sem dúvida, a composição de equipes de trabalho coesas, bem sintonizadas e eficazes. Em um contexto de crescente complexidade e amplitude de desafios e demandas, o trabalho em rede, colaborativo, exige que as expertises e habilidades individuais estejam orquestradas de forma sinergética, privilegiando os objetivos comuns, corporativos, mais do que os pessoais. Paradoxalmente, porém, esse mesmo contexto, marcado pela concorrência e competitividade, fomenta o individualismo e o personalismo. Conciliar essas duas forças, imprescindíveis para o sucesso empresarial, demanda conhecimentos e habilidades muito especiais por parte do líder-gestor, que transcendem aqueles de caráter meramente técnico e instrumental. Não é à toa que o chamado *team building* constitui hoje uma das demandas mais importantes no âmbito de gestão de pessoas. Aqui também, e talvez ainda mais até do que apontamos em relação aos aspectos anteriores, a *abordagem humanística* é um recurso absolutamente pertinente e eficaz, já que a *Humanização* das relações de trabalho não pode efetivamente se realizar sem o envolvimento das dimensões afetivas, intelectivas e volitivas dos indivíduos. Pretender que o *team building* seja o resultado da aplicação de uma fórmula algorítmica e de procedimentos técnicos mais ou menos complexos do ponto de vista da psicologia comportamental nada mais faz do que reforçar o *equívoco antropológico*, apontado antes e cujos resultados já conhecemos.

Para incentivar o conhecimento do outro e a construção da empatia, a experiência estético-reflexiva suscitada pela metodologia do Laboratório de Humanidades no contexto da Responsabilidade Humanística também mostrou ser um recurso extremamente pertinente e eficaz. De pronto, um dos aspectos mais evidenciados nos testemunhos e narrativas dos participantes dos ciclos de LabLei no mundo corporativo é como a experiência propicia a *descoberta do outro* em uma perspectiva absolutamente inusitada e surpreendente, como expressa esta gestora de uma empresa farmacêutica:

> Foi incrível ver como pouco ou nada conhecemos a respeito das pessoas com quem trabalhamos todos os dias, várias horas por dia, por muitos anos! De repente, foi necessário criar uma situação como essa para que histórias e coisas tão íntimas, tão próprias de alguns dos colegas com quem convivo há tanto tempo viessem à tona. Nossa, foi muito surpreendente e muito legal também! Acho que isso me ajudou a compreender muita coisa, a aceitar melhor e até a gostar mais daquela ou da outra pessoa.[35]

Essa *situação* a que a gestora se refere é justamente a criada pela metodologia do LabLei, que, ao incentivar o compartilhamento dos afetos, sentimentos e reflexões suscitados pela leitura de um clássico da literatura nos encontros, acaba sendo um veículo de autocompreensão e de autoexpressão. Tais histórias ou narrativas pessoais, desencadeadas pelas histórias e narrativas literárias, acabam sendo um meio privilegiado de revelação biográfica, em uma perspectiva pouco comum, inusitada, levando em conta a dinâmica laboral cotidiana no ambiente corporativo, pouco propício a encontros e trocas mais pessoais e profundas. Nesse sentido, a dinâmica do LabLei propicia a re-

---

35. Entrevista concedida no dia 13 de agosto de 2018.

velação e o conhecimento mútuo de pessoas de uma mesma empresa ou equipe, em um nível mais abrangente e profundo, o que representa um meio privilegiado de constituição de vínculos e de incremento empático nas relações. De acordo com um líder da área financeira de uma seguradora:

> Acho que o Laboratório de Leitura teve um efeito muito interessante na qualidade das relações entre os membros da equipe. Foi muito legal conhecer os colegas a partir de outra perspectiva. Aqui não falamos de problemas técnicos e de busca de soluções; aqui falamos de valores, de sentimentos. Pudemos nos conhecer como seres humanos, como pessoas que têm sonhos, medos, fraquezas, tristezas e alegrias. Pudemos nos expor de uma forma como nunca fazemos em nosso dia a dia. E isso, engraçado, não nos desqualificou ou nos fragilizou aos olhos uns dos outros. Muito pelo contrário, acho que isso nos humanizou! [36]

É interessante perceber como a dinâmica do Laboratório de Leitura parece criar um espaço de encontro humanizado (como dizem muitos que dele participaram e participam) que se apresenta como algo extremamente necessário não apenas em uma perspectiva essencialmente humana e terapêutica (falaremos mais sobre isso em seguida), mas também profissional e técnica. Encontros que promovem conhecimento mútuo em âmbito mais profundo e pessoal são fomentadores da empatia, elemento hoje reconhecidamente imprescindível para a eficácia do trabalho em equipe.

Para além da promoção da empatia e do estabelecimento de vínculos mais profundos e humanizados no espaço de trabalho, a dinâmica do LabLei, ainda no quesito de experiência coletiva, vem ajudando a promover competências e habilidades de grande importância no desenvolvimento profissional e pessoal. Uma delas, por exemplo, é a capacidade de ouvir, como comenta o diretor de uma instituição financeira:

---

36. Entrevista concedida no dia 28 de outubro de 2017.

Acho que um dos aprendizados mais surpreendentes que tive na experiência do Laboratório foi o de ouvir. Sim, porque todo mundo que me conhece sabe que eu não sou muito de ouvir. Nunca tive muita paciência. Sou muito proativo: penso e logo começo a fazer, sem pedir opinião pra ninguém. E quando alguém vinha me expor alguma ideia ou projeto, eu escutava, mas ouvia muito pouco; não prestava atenção, não tinha paciência. Desde que começou o Laboratório de Leitura, como os assuntos diziam respeito a coisas que eu pouco ou nada entendia (eu lia os livros, entendia, mas não conseguia tirar assim tantas coisas como outros colegas do grupo), eu, engraçado, ficava muito atento, prestando atenção. Não posso dizer que eu tenha mudado assim radicalmente, mas, com certeza, essa experiência no Laboratório de Leitura tem me ajudado muito. Posso dizer que agora escuto mais. Não tanto quanto gostaria, mas muito mais do que costumava.[37]

Sendo a escuta elemento essencial para o processo de reflexão, a dinâmica do LabLei acaba desempenhando um papel importante no desenvolvimento dessa habilidade. Isso porque o laboratório estabelece um fluxo que permite e demanda a expressão de impressões e opiniões oriundas direta ou indiretamente da experiência da leitura. Isso evolui na propagação de novas e diferentes expressões que instauram uma verdadeira discussão, um diálogo coletivo ou "multidiálogo". E nessa dinâmica nada é rotineiro ou previsível. O diretor supracitado relata:

> Ao contrário do que costuma acontecer na maioria das reuniões técnicas, nos encontros do Laboratório de Leitura a gente nunca sabe o que vai sair e nem de quem vai sair uma dessas histórias ou sacadas geniais, algo que vai repercutir e vai deixar a gente pensando por muito tempo. Como aqui não precisamos fechar nada, decidir nada, chegar num acordo sobre nada, acho que as pessoas ficam mais à vontade para ser elas mesmas e dizer o que realmente pensam, o que quase nunca acontece nas reuniões de trabalho.

---

37. Entrevista concedida no dia 28 de março de 2013 (grifo nosso).

E aqui vale refletir sobre como dinâmicas desse tipo podem repercutir em ambientes altamente institucionalizados, onde decisões colegiadas têm grande importância e caráter decisivo. É o que se depreende, por exemplo, desta fala de um diretor de outra importante instituição financeira:

> Experiências como essa do laboratório nos mostram a importância de termos canais para expressar nossos sentimentos, de nos expressarmos também emocionalmente. Porque em nosso cotidiano temos, o tempo todo, de trabalhar e nos expressar na lógica do racional, do técnico. E sabemos o quanto de nossas decisões são influenciadas pelas nossas emoções e intuições! Por que então não termos um espaço para expressarmos nossas emoções, sentimentos? Além disso, no fim, <u>sabemos que só conhecemos mesmo as pessoas quando elas expressam não seus conhecimentos e opiniões, mas seus sentimentos, seus afetos.</u>[38]

Como se pode perceber, o LabLei demonstra ser um recurso altamente eficaz no processo de desenvolvimento de equipes em uma perspectiva humanística, e não meramente técnica.

Quinto efeito: a promoção da saúde e a dimensão terapêutica

A síndrome de *burnout* é um fenômeno cada vez mais estudado, que aponta contundentemente o ambiente corporativo como fonte de adoecimento no mundo contemporâneo. Estresse, exaustão, ansiedade, solidão, depressão, pânico são alguns dos sintomas e enfermidades que despontam no topo das cada vez mais longas listas de patologias associadas ao trabalho, que afetam inclusive funcionários altamente engajados. As empresas estão adoecendo as pessoas, e as pessoas doentes adoecem as empresas (GARTON, 2017; SEPPÄLÄ; KING, 2017; SEPPÄLÄ; MOELLER, 2018).

---

38. Entrevista concedida no dia 04 de abril de 2013 (grifo nosso).

Nossa inserção de longa data no campo do ensino e da pesquisa em saúde nos deu oportunidade de estudar com profundidade as patologias da Modernidade associadas à dinâmica desumanizadora que caracteriza a vida de uma grande parcela da Humanidade nestes tempos globalizados. No âmbito corporativo em especial, como vimos apontado ao longo de todo este livro, é muito evidente essa associação entre vivências desumanizadas e desumanizadoras e o desenvolvimento de patologias psicossomáticas. Como destacamos no capítulo anterior, há uma relação direta entre Humanização e saúde, desumanização e doença. Se partirmos da concepção de que aquilo que é próprio do humano e o define como ser é sua necessidade de *sair, crescer, ampliar a esfera da presença do ser* e de que a sua *saúde* está, justamente, nessa *experiência de autoconhecimento e autorrealização*, fica evidente o porquê do caráter patológico de toda experiência desumanizadora, caracterizada pela *restrição, limitação, automatização e mecanização* da vivência humana. Ou seja, tudo aquilo que não promove a *experiência ampliadora do ser*, fundamento de toda saúde, acaba levando a uma experiência limitadora do ser, próxima ao *não ser*, fonte de todo adoecimento. Fica fácil, portanto, compreender por que uma experiência humanizadora como o Laboratório de Leitura apresenta um efeito terapêutico tão evidente e destacado.

Em *A literatura como remédio: os clássicos e a saúde da alma* (2017), descrevem-se exaustivamente as dinâmicas que determinam o caráter humanizador-terapêutico da experiência do LabLei nos mais diversos âmbitos e níveis sociais. Gostaríamos de destacar apenas, com base em alguns testemunhos, esse mesmo efeito no âmbito específico do mundo corporativo, foco da nossa atenção nesta obra.

Na análise das centenas de narrativas e testemunhos que fomos angariando ao longo desses anos todos de aplicação da metodologia do LabLei em empresas e organizações, chama a atenção a profusão de efeitos indicados nesse sentido em vários âmbitos. Por exemplo, não são poucos os que apontaram a experiência do LabLei como uma espécie de antídoto contra a solidão, como pondera o diretor de Recursos Humanos de uma instituição financeira:

> Acho que uma das coisas mais difíceis e pesadas que enfrentamos no mundo corporativo é a solidão. Principalmente dos que desempenham funções de liderança e gestão. Quanto mais você sobe na escala de poder da empresa, mais solitário você vai se sentindo... E isso, eu sei, não é uma experiência apenas pessoal. Como gestor da área de RH, consigo ter uma visão bastante ampla e profunda desse problema. É algo crônico e quase epidêmico no mundo corporativo. <u>E isso é muito sério, pois muitos estudos têm mostrado que a experiência da solidão é a base para o desenvolvimento de praticamente todas as doenças mais prevalentes associadas ao trabalho em empresas: depressão, ansiedade, síndrome de burnout, para só falar nas mais conhecidas.</u>
>
> No mundo corporativo, muita coisa concorre para provocar a solidão: a competitividade, a crença de que não podemos mostrar nossa fragilidade, nossa vulnerabilidade, de que precisamos sempre nos mostrar fortes, de que sempre estamos bem, de que está tudo sob controle, de que damos conta... Mas, no fim, todo mundo sabe que não é assim, que isso não é possível; que isso não é HUMANO!
>
> Mesmo sabendo que é assim, temos muita dificuldade de admitir e mais ainda de manifestar. Por isso nos isolamos, nos fechamos. E o resultado disso? A solidão, claro. Então, quando o sujeito se fecha na sua solidão, tudo pode acontecer. Como eu disse, é daí que deriva todo o resto...
>
> Nesse sentido, a experiência do Laboratório de Leitura foi extremamente terapêutica, porque ajudou a quebrar, em mim e em muitos que participam, muitas dessas barreiras que nos isolam e nos fecham. <u>O Laboratório de Leitura nos deu a oportunidade de falar, e falar é a melhor arma contra a solidão.</u> Os efeitos aqui na empresa foram quase imediatos. Nossa, foi muito perceptível! Eu já tinha percebido isso só observando o comportamento das pessoas no momento em que elas estavam participando do laboratório e, depois, no próprio trabalho. Mas, além disso, foram muitos que vieram con-

versar comigo para me dizer o quanto aqueles encontros os tinham ajudado, o quanto estavam fazendo bem.[39]

Temos recebido feedbacks semelhantes de muitos gestores de Recursos Humanos, interlocutores naturais no desenvolvimento dos projetos de Responsabilidade Humanística nas empresas. *Desanuviamento, quebra de gelo, alívio, apaziguamento, reencontro com a vida e o prazer de viver, reencontro com o sentido da vida*, esses são alguns dos termos ou expressões captados por nós nos encontros (principalmente nas Histórias de Convivência) e nas entrevistas realizadas a posteriori ou que nos foram transmitidos pelos gestores de pessoas e que, de alguma forma, traduzem o efeito humanizador-terapêutico da experiência do LabLei. Segundo relatou a diretora de RH de uma organização que estabelece parcerias entre instituições de ensino e o mundo corporativo:

> Como você sabe, estávamos passando por um momento delicado – nos relatava uma diretora de RH de uma organização que estabelece parcerias entre instituições de ensino e o mundo corporativo: reestruturação, redução da equipe, mudança de cultura... Tínhamos acabado de demitir três pessoas da mesma equipe. O clima estava muito ruim: desconfiança, tristeza, medo. Isso se refletia no comportamento, nas atitudes e até no rosto das pessoas. Quando fiz o convite para o laboratório, percebi que ele foi recebido com frieza e desconfiança, mas logo depois do primeiro encontro já comecei a receber feedbacks positivos. Depois do segundo encontro, senti que algo havia acontecido: o clima havia mudado completamente. Ao terminar o ciclo, foi mais do que notável a <u>transformação</u>. Poderia dizer que foi <u>uma verdadeira experiência de cura</u>. Muitos desses líderes que participaram do LabLei vieram me procurar para relatar exatamente isso: uma experiência de alívio e cura. E então me relataram coisas que nunca haviam antes relatado. <u>A abertura que o LabLei produz se concretizou em cada uma delas, e não apenas no</u>

---

39. Entrevista concedida no dia 05 de abril de 2014 (grifo nosso).

momento dos encontros, mas para a vida. Também não só no terreno profissional, mas para a vida pessoal também. Foi isso o que elas relataram: uma experiência de cura.[40]

É muito interessante como a ideia da experiência de cura na vivência corporativa emerge espontaneamente nessa narrativa, e importantes influenciadores do campo da liderança como Sisodia e Gelb (2019) já começam desenvolver esse conceito.

Ainda é cedo para definir uma relação mais precisa do ponto de vista estatístico entre a aplicação do Laboratório de Leitura e de outras ações semelhantes no escopo da Responsabilidade Humanística e o nível de absenteísmo ou de melhoria das condições de saúde em empresas. Qualitativamente, entretanto, tal relação é evidente. Como foi possível atestar nos outros campos de aplicação e estudo em que estivemos atuando ao longo de quase duas décadas (ensino e instituições de saúde), também no mundo corporativo o efeito terapêutico, promotor de saúde, *pari passu* com a Humanização, tem se mostrado efetivo, com desdobramentos certamente ainda mais amplos e importantes que estudos subsequentes poderão demonstrar.

---

40. Entrevista concedida no dia 04 de junho de 2016 (grifo nosso).

TERPSÍCORE

Musa da Dança

Capítulo VI

Conclusão: Responsabilidade Humanística e cultura organizacional

"Agora é chegado o momento, a hora oportuna" – expressa Próspero, personagem de *A Tempestade*, de William Shakespeare, e que fala justamente sobre a Fortuna ou Oportunidade, "essa deusa liberal e cega (hoje minha amada Companheira)" (SHAKESPEARE, 2002, p.55). Próspero, Duque de Milão traído e desterrado numa ilha deserta, onde, com ajuda dos livros, desenvolve sabedoria e poderes mágicos, vê-se diante da grande e única oportunidade de se vingar de seus inimigos. Aproveitando o favor da Fortuna, entretanto, Próspero, ao invés da vingança, escolhe a justiça: coloca seus inimigos à prova, provoca neles o reconhecimento e o arrependimento e promove a reconciliação e o perdão.

Escrita entre 1610 e 1611, *A Tempestade* foi, provavelmente, a última peça de Shakespeare e é considerada seu grande testemunho e mensagem por W. H. Auden (1944), grande poeta inglês do século XX e profundo estudioso da obra do dramaturgo: a suma da sabedoria humana está em saber ler os sinais dos tempos e aproveitar a oportunidade apresentada pela Fortuna para fazer o bem e deixar um legado digno de ser perpetuado.

Não são muitos os que, ao longo da história, souberam, como o venturoso Próspero da *Tempestade*, discernir o sinal dos tempos e, munidos de conhecimento e sabedoria, tomar as decisões certas nos momentos oportunos. Esses poucos, porém, são aqueles que, no meio das tempestades da história, propiciaram o desenvolvimento de uma Humanidade mais próspera do ponto de vista humanístico.

Hoje, os tempos continuam tempestuosos. Talvez até mais do que no passado. E, além dos desafios sociais e ambientais já reconhecidos, a Humanização desponta como uma grande oportunidade de fortalecimento da agenda ESG das empresas. Em uma era ainda impregnada pela lógica da Modernidade, conhecer o humano e saber atuar humanisticamente é verdadeiramente disruptivo. A Responsabilidade Humanística confere um diferencial competitivo pelo seu valor moral, porque suscita uma profunda reflexão de valores e promove a colaboração, criatividade e empatia, que são tão caros ao sucesso das organizações. Esse é o caminho desta proposta baseada na nossa experiência de implementação do LabLei, mas esperamos que seja só um incentivo para que muitas outras iniciativas centradas nas Humanidades sejam desenvolvidas.

É chegado o momento e a hora é oportuna para as empresas tomarem Consciência desse desafio e assumirem uma nova responsabilidade. Esta não é uma tarefa fácil e tampouco rápida, mas devemos começar agora, antes que nos esqueçamos irremediavelmente de nossa Humanidade. A assimilação da Humanização na cultura organizacional é a inovação de que certamente mais precisamos e, para isso, precisamos de líderes visionários e sábios como Próspero para essa missão.

Referências

A ERA da inocência. Direção: Denys Arcand. Produção: Dominique Besnehard; Philippe Carcassonne; Daniel Louis; Denise Robert. Intérpretes: Diane Kruger; Sylvie Léonard; Caroline Neron; Marc Labrèche. Roteiro: Denys Arcand. Canadá: Cinémaginaire Inc/Mon Voisin Productions, 2007. 1 DVD (108 min.)

AUDEN, W. H. The Sea and the Mirror: a Commentary on Shakespeare's The Tempest. In AUDEN, W. H. **For the Time Being**. New York: Random House, 1944.

BENEVIDES, R.; PASSOS, E. Humanização na saúde: um novo modismo? **Interface**: Comunic., Saúde, Educ., v. 9, n. 17, p. 389-406, mar./ago. 2005.

BETHLEM, Hugo. **A estratégia do varejo sob a ótica do capitalismo consciente**. Cotia: Poligrafia, 2021. (Coleção Varejo em Foco, v. 1).

BLOOM, Harold. **Onde encontrar a Sabedoria**. Rio de Janeiro: Objetiva, 2005.

BRASIL, Ubiratan. Hiroshima inspira peça pacifista. **O Estado de São Paulo**, São Paulo, Cultura, 18 ago. 2020.

BRASIL. Lei nº 14.133, de 1º de abril de 2021. Lei de Licitações e Contratos Administrativos. **Diário Oficial da União**, 1 abr. 2021. Disponível em: <https://www.in.gov.br/en/web/dou/-/lei-n-14.133-de-1-de-abril-de-2021-311876884>. Acesso em: 2 dez. 2021.

BRASIL. Ministério da Educação. **Resolução nº 3, de 20 de junho de 2014**. Institui Diretrizes Curriculares Nacionais do Curso de Graduação em Medicina e dá outras providências. Disponível em: <http://portal.mec.gov.br/index.php?option=com_docman&view=download&alias=15874-rces003-14&category_slug=junho-2014-pdf&Itemid=30192>. Acesso em: 2 dez. 2021.

BRASIL. Ministério da Saúde. **Política Nacional de Humanização (PNH)** – HumanizaSUS, 1. ed., 1. reimp., 2013. Disponível em: <https://www.gov.br/saude/pt-br/acesso-a-informacao/acoes-e-programas/politica-nacional-de-humanizacao-humanizasus>. Acesso em: 2 dez. 2021.

CALVINO, Ítalo. **Por que ler os clássicos**. São Paulo: Companhia das Letras, 1991.

CARTA DE LARRY FINK AOS CEOS 2022. **BlackRock**, 18 jan.2022. Disponível em: https://www.blackrock.com/br/2022-larry-fink-ceo-letter. Acesso em: 5 mar.2022.

CONTRAÇÕES. Texto: Mike Bartlett. Tradução: Silvia Gomez. Direção: Grace Passô. Intérpretes: Débora Falabella; Yara de Novaes. Idealização: Grupo 3 de Teatro. Realização: Centro Cultural Banco do Brasil. 2013.

CRANE, A.; McWILLIAMS, A.; MATTEN, D.; MOON, J.; STEGEL, D. **The Oxford Handbook of Corporate Social Responsibility**. Oxford: Oxford Press, 2008.

DEJOURS, Christophe. **Da psicopatologia à psicodinâmica do trabalho**. Rio de Janeiro: Editora Fiocruz, 2011.

DEPRESSÃO SERÁ A DOENÇA mais comum do mundo em 2030, diz OMS. **BBC News Brasil** [on-line], 2 set. 2009. Disponível em: <https://www.bbc.com/portuguese/noticias/2009/09/090902_depressao_oms_cq>. Acesso em: 2 dez. 2021.

DIGITAL TAYLORISM. **The Economist**, Schumpeter, 10 set. 2015. Disponível em: <https://www.economist.com/business/2015/09/10/digital-taylorism>. Acesso em: 2 dez. 2021.

DOSTOIÉVSKI, Fiódor. **Os Irmãos Karamázov**, v. 1. Trad. de Rubens Figueiredo. São Paulo: Editora 34, 2012.

EMPRESAS QUE CURAM. **HSM Management**, Dossiê HSM, 133. ed., p. 31-62. São Paulo: Qura Editora, 2019.

FRIEDMAN, Milton. A Friedman Doctrine – The Social Responsibility of Business Is to Increase Its Profits. **The New York Times**, Nova York, Morning Briefing, 13 set. 1970. Disponível em: <https://www.nytimes.com/1970/09/13/archives/a-friedman-doctrine-the-social-responsibility-of-business-is-to.html>. Acesso em: 2 dez. 2021.

GALLIAN, D. M. C.; RUIZ, R.; PONDÉ, L. F. Humanização, humanismos e humanidades: problematizando conceitos e práticas no contexto da saúde no Brasil. **Rev. Internacional de Humanidades Médicas**, v. 1, p. 5-16, 2012.

GALLIAN, Dante Marcello Claramonte. A (re)humanização da Medicina. **Psychiatry on-line Brasil**, v. 5, n. 5, maio 2000. Disponível em: <http://www.polbr.med.br/ano00/galli0500.php>. Acesso em: 2 dez. 2021.

GALLIAN, Dante Marcello Claramonte. **A literatura como remédio**: os clássicos e a saúde da alma. São Paulo: Martin Claret, 2017.

GALLIAN, Dante Marcello Claramonte. **É próprio do humano**: uma odisseia de autoconhecimento e autorrealização em 12 lições. Rio de Janeiro, Record, 2022.

GARTON, E. Employee Burnout Is a Problem with the Company, Not the Person. **Harvard Business Review**, 6 abr. 2017. Disponível em: <https://hbr.org/2017/04/employee-burnout-is-a-problem-with-the-company-not-the-person>. Acesso em: 2 dez. 2021.

GUIMARÃES ROSA, João. **Grande Sertão**: veredas. Rio de Janeiro: Nova Fronteira, 2017.

HOBSBAWN, Eric. **A Era das Revoluções**. São Paulo: Paz & Terra, 2010.

HOMERO. **Odisseia**. Trad. de Frederico Lourenço. São Paulo: Companhia das Letras, 2017.

HUMANIZAÇÃO. **Dicionário on-line da Língua Portuguesa**, s. d. Disponível em: <https://www.dicio.com.br/humanizacao/>. Acesso em: 2 dez. 2021.

JEAGER, W. **Paideia**: a formação do homem grego. São Paulo: Martins Fontes, 2001.

LANG, J. Questioning Dehumanization: Intersubjective Dimensions of Violence in the Nazi Concentration and Death Camps. **Holocaust and Genocide Studies**, v. 24, Issue 2, Fall 2010, p. 225-246.

LAUAND, Luiz Jean. **Medievália**. São Paulo: Mandruvá, 1997.

MARTIN, Roger L. Rethinking the Decision Factory. **Harvard Business Review**, v. 91, n. 10, Boston, Oct. 2013.

MEISLER, Rony; PUGLIESE, Sérgio. **Rebeldes têm asas**. Rio de Janeiro: Sextante, 2017.

MONTESQUIEU. **O Gosto**. São Paulo: Iluminuras, 2015.

ORGANIZAÇÃO DAS NAÇÕES UNIDAS (ONU). **Nosso Futuro Comum**. Relatório Brundtland. Comissão Mundial sobre Meio Ambiente e Desenvolvimento. Coordenação de Gro Harlem Brundtland. 1987.

ORGANIZAÇÃO DAS NAÇÕES UNIDAS (ONU). **Transformando Nosso Mundo:** a Agenda 2030 para o Desenvolvimento Sustentável. Traduzido do inglês pelo Centro de Informação das Nações Unidas para o Brasil (UNIC-Rio) e revisado pela Coordenadoria-Geral de Desenvolvimento Sustentável (CGDES) do Ministério das Relações Exteriores do Brasil. 11 fev. 2016. Disponível em: <https://sustainabledevelopment.un.org>. Acesso em: 2 dez. 2021.

PANORAMA ESG, pesquisa. Disponível em: <https://ccbrasil.cc/esg/panoramaesg>

PASSMORE, John. **A Perfectibilidade do Homem**. Rio de Janeiro: Topbooks Editora, 2004.

PÓVOA, Neto, N. R. (2021) *Literatura como experiência estética no contexto da educação transformadora em negócios* (Dissertação de mestrado). Universidade Presbiteriana Mackenzie, São Paulo, SP.

ROLIM, E. C. C. (2022). *Ethical training based on Reading classic literature, exposure to different organizational and socio-cultural context and individual ethical moral judgement* (Doctorate of Business Administration). Grenoble School of Management, Paris, França.

RELATÓRIO 1ª EDIÇÃO Pesquisa Empresas Humanizadas. **Humanizadas**, 20 abr. 2019. Disponível em: <https://humanizadas.com/relatorio-1-edicao-pesquisa-empresas-humanizadas/>. Acesso em: 2 dez. 2021.

RIBEIRO, R. Janine. **Humanidades**: um novo curso na USP. São Paulo: Edusp, 2001.

RICOEUR, P. **Teoria da Interpretação**: o discurso e o excesso de significação. Lisboa: Edições 70, 1999.

SAVITZ, Andrew W. **The Triple Bottom Line:** How Today's Best-Run Companies Are Achieving Economic, Social, and Environmental Success–and How You Can Too. San Francisco: Jossey-Bass, 2006.

SEPPÄLÄ, E.; King, M. Burnout at Work Isn't Just about Exhaustion. It's Also about Loneliness. **Harvard Business Review**, 29 Jun. 2017.

SEPPÄLÄ, E.; MOELLER, J. 1 in 5 Employees Is Highly Engaged and at Risk of Burnout, **Harvard Business Review**, 2 Feb. 2018 (Updated 16 May 2018).

SHAKESPEARE, W. **A Tempestade**. Trad. de Beatriz Viégas-Faria. Porto Alegre: L&PM, 2002.

SISODIA, R.; GELB, J. M. **The Healing Organization**: Awakening the Conscience of Business to Help Save the World. California: Harper Collins Leadership, 2019.

SISODIA, Raj; SHETH, Jagdish; WOLFE, David. **Empresas humanizadas**. São Paulo: Instituto Capitalismo Consciente, 2015.

STATEMENT ON THE PURPOSE OF A CORPORATION. **Business Roundtable**, Our Commitment, 19 ago. 2019. Disponível em: <https://opportunity.businessroundtable.org/ourcommitment/>. Acesso em: 2 dez. 2021.

TEIXEIRA COELHO A cultura como experiência. In RIBEIRO, Renato Janine (Org.). **Humanidades**: um novo curso na USP. São Paulo: Edusp, 2001.

VIGOTSKY, L. S. **Psicologia da arte**. São Paulo: Martins Fontes, 2015.

WABER, Ben. O funcionário rastreado e feliz. **Harvard Business Review Brasil**, fev. 2019, p. 39-43.

Créditos

Créditos das imagens

Capa e Págs. 16, 32, 40, 52, 70, 96 - Arquivo Nº: 377047633. "greek mythology muses Clio, Euterpe, Thalia, Melpomene, Terpsichore, Erato, Polymnia, Ourania and Calliope".
mathiasdelcarmine-stock.adobe.com

Pág. 29, Frame do filme *"Tempos modernos"* (Modern Times), Charles Chaplin, 1936. Charlie Chaplin Film Corporation.

Pág. 46, *Moça com livro*, sem data. Almeida Júnior (1850-1899).
Óleo sobre tela, 50 cm x 61 cm. Doação Guilherme Guinle, 1947 ao Acervo do MASP, Museu de Arte de São Paulo Assis Chateaubriand, São Paulo, Brasil. Domínio Público. Foto João Musa.

Pág. 58, *Leitura*, 1892. Almeida Júnior (1850-1899).
Óleo sobre tela, 141 cm x 95 cm.
Acervo da Pinacoteca do Estado de São Paulo, São Paulo, Brasil. Domínio Público. Link da imagem: https://commons.wikimedia.org/w/index.php?title=File:Leitura_by_Jos%C3%A9_Ferraz_de_Almeida_J%C3%BAnior_1892.jpg&oldid=574375077

Edição..*Marlucy Lukianocenko*
Produção Gráfica .... *Studium Generale Produções Editoriais*
Revisão de texto .... *Máxima Conteúdo - Ana Paula Baltazar*
Direção de Arte .... *Maria Cristina Bugan Oliveira*
Produção de Arte .... *Alexandra Seraphim*

Impresso em São Paulo,
em agosto de 2022.

Poligrafia Editora e Comunicação Ltda-me
www.poligrafiaeditora.com.br
poligrafia@poligrafiaeditora.com.br
11 4243-1431 / 11 98161-9983